教育部人文社会科学研究项目
“我国粮食主销区对主产区利益补偿理论架构与制度体系研究”
（12YJA790180）资助

粮汇研究

岳佐华　等著

中国经济出版社
CHINA ECONOMIC PUBLISHING HOUSE
·北京·

图书在版编目（CIP）数据

粮汇研究／岳佐华等著.
北京：中国经济出版社，2017.8
ISBN 978－7－5136－4763－2
Ⅰ.①粮… Ⅱ.①岳… Ⅲ.①粮食政策—研究—中国 Ⅳ.①F326.11
中国版本图书馆 CIP 数据核字（2017）第 156604 号

责任编辑　余静宜
责任印制　马小宾
封面设计　华子图文

出版发行　中国经济出版社
印 刷 者　北京柏力行彩印有限公司
经 销 者　各地新华书店
开　　本　710mm×1000mm　1/16
印　　张　11
字　　数　154 千字
版　　次　2017 年 8 月第 1 版
印　　次　2017 年 8 月第 1 次
定　　价　48.00 元
广告经营许可证　京西工商广字第 8179 号

中国经济出版社 **网址** www.economyph.com **社址** 北京市西城区百万庄北街 3 号 **邮编** 100037
本版图书如存在印装质量问题，请与本社发行中心联系调换（联系电话：010－68330607）

前　言

改革开放以后，我国实施了以家庭联产承包责任制为核心的农村土地经营制度综合改革。2004 年以后，我国在原有农业促进政策的基础上，进一步实施了以免除农业税和种粮直接补贴为核心的粮食生产支持政策，粮食产量逐年创出新高，比较彻底地解决了这一长期困扰我国经济社会发展的重大问题。在我国，各地区自然禀赋、区位差异和产业基础不同，国家为了国民经济整体发展的协调性，依据充分利用自然禀赋的原则，划定了粮食主产区和主销区，不同分区承担着国民经济发展的不同功能。但是，由于农业的弱质性和粮食生产比较效益低下，以粮食生产为主的粮食主产区在经济社会发展上受到了较大的影响，出现了“粮食大省，财政穷省”，“粮食大县，财政穷县”的局面，粮食主产区和主销区在经济社会发展上逐渐出现了较大的差距。这种状况的出现，较大地挫伤了粮食主产区农民生产粮食的积极性。

粮食主产区担负着我国粮食安全重任，粮食主产区农民的产粮积极性受到削弱，就会对我国粮食安全产生巨大的影响。本课题即是在这样的背景下，从理论和制度层面研究粮食主产区利益补偿问题，即研究的目的是要形成一个理论架构和制度体系，以促进粮食主产区和主销区的均衡发展，进而保障国家粮食安全。

通过对我国粮食生产区和粮食主销区经济与社会发展状况的系统研究与分析，本课题形成了以下主要观点：一是保障国家粮食安全，粮食主产区和粮食主销区负有同等的责任，粮食主销区有责任和义务为粮食主产区提供利益补偿；二是粮食补偿政策必须能够平衡粮食主产区与主销区的利益关系，才能从根本上增加粮食产出，仅靠国家对粮食主产区补贴不仅会使国家财政不堪重负，而且无法从根本上解决粮食主产区普遍存在的种粮消极现象；三是碳汇交易原理可以拓展应用于粮食主产区利益补偿政策，并且依据碳汇交易原理创建的粮汇及粮汇交易政策体系，适用于解决粮食主产区与粮食主销区利益失衡问题；四是基于粮汇交易原理构建的粮食主产区利益补偿政策是农业支持政策而非粮食价格干预政策，属于WTO“绿箱”政策范畴，不会受限于WTO贸易规则。

基于这个观点，我们设计了研究方案及研究思路：首先，研究粮食主销区对主产区利益补偿理论问题。以公共产品理论、外部性理论和粮食产业价值论等为基本理论，借鉴碳汇交易原理，创建以粮汇交易为核心的利益补偿理论，形成粮汇交易的理论基础。其次，研究粮汇交易及其规则体系。重点研究粮汇交易体系的构成、交易制度设计和运行等问题。再次，创建对粮食主产区利益补偿的制度体系。本着粮食受用付费（Payment for Provisions Services，PPS）或粮食延伸效益付费（Payment for Extend Benefit of Provisions，PEP）的基本思路，构建粮食主产区利益补偿政策主体。最后，补偿依据及标准设计。粮食主产区利益补偿的基本依据是粮食主产区为保障粮食供给所投入的劳动当量、种粮勤勉程度以及对粮食生产的重视程度。补偿标准是以粮食主产区向域外供给粮食数量中含有的劳动当量，并以当时社会劳动平均价值计算补偿标准。

据此，本课题重点对如下内容进行了深入研究：

1. 国内外粮食支持政策演进与现状

国外部分选取的研究对象主要是欧盟、美国、日本等发达国家及一些新兴工业国家。从宏观上看，粮食生产支持政策是世界各国通行的做法，由于各国经济社会发展水平和所处发展阶段的差异，各国粮食生产支持政策内容也不尽统一，但是，对本国粮食生产给予经济支持则是一致的做法。这说明在国家发展到一定程度后，给予粮食生产者经济补偿是符合经济社会发展规律的。

我国在不同的经济发展阶段，农业的发展政策也经历了以农补工—工农竞相发展—工业反哺农业几个阶段。虽然在以农补工阶段，农业负担较重，在一定程度上影响了我国农业再生产的发展动力，但这与我国当时经济发展水平和所处的国际环境是相符的。2004 年之后，随着我国工业化和城镇化的发展及综合实力的增强，政府加大了对农业特别是粮食生产的支持力度，粮食连年增产。但是，我国粮食供需形势仍然不太乐观，基本上处于紧平衡状态。本课题通过对现有粮食政策的研究发现，现有以减免农业税和种粮直接补贴为核心的粮食支持政策，对粮食主产区种粮积极性的调动已显乏力：现有的粮食生产支持政策对粮食生产者只是产生了两个作用力——外源压力和诱致动力。外源压力表现在划设粮食主产区，规划粮食核心产区，土地流转过程中不能改变农业用地性质，家庭承包的责任田不能出现土地撂荒等。外源压力形成了粮食主产区“不得不”种粮的压力效应。诱致动力表现在减免农业税，实施农业良种补贴和大型农机具购置补贴，国家出资进行中低产田改造、小型农田水利治理、农业基础设施建设等方面。诱致动力形成了粮农“额外收益”。虽然这两种力对粮食生产者有较大的激励作用，但是还远远没有内化为粮食主产区的产粮动力。这是因为粮食生产者在享受粮食生产支持政策之后，仍然不能获得社会平均劳动收益，粮食主产区“产粮大省，财政穷省”，“产粮大县，财政穷县”的局面并没有得到根本改观。所以，我们认为粮食支持政策需要从理论和体系上进行较大的改革。

2. 调研与结论

为了验证对目前粮食支持政策对粮食主产区和种粮农民的激励作用的基本判断，我们进行了三次较大规模的调研活动。第一次是在 2013 年 8 月，暑假期间课题组成员对辽宁和黑龙江部分粮食主产区进行了调研，调研采取与农业主管部门、基层干部和农民座谈的形式。第二次在

2013年7—8月，学生利用放暑假回乡期间，采取问卷调查的方式，在课题组老师的组织下，由我校相关专业（农学专业、畜牧专业、园林专业以及经济学专业）大二、大三的学生进行问卷发放和回收。调查问卷设计为两种格式，一种针对村两委干部设计，一种为村民设计。第三次是2014年上半年，针对产粮大县地方政府“十二五发展规划”进行调研分析，具体方法是：从产粮大县中按照省区平均分配样本数量，从中选出50个县作为调研对象。通过县政府官方网站或其他途径，查阅其“十二五”规划，从建设目标、发展战略重点、农业所处战略位置以及是否有粮食产量增量指标等方面探寻产粮大县官方对粮食生产的基本认识，试图从中了解地方政府对粮食生产的重视程度。

从整个调研结论来看，无论是粮食主产区还是非主产区，农业部门、基层干部和种粮农民对支持政策均持欢迎态度，但是并不满足。主要表现在粮食生产支持政策虽然免除了农业税，给予种粮、购买大型农机具补贴，使粮食主产区、种粮农民得到了实惠，但是，粮食生产的收益还是低于非粮产业，继续增加粮食生产投入动力不足，盼望政策改进。从对产粮大县“十二五”规划的调查与分析来看，产粮大县粮食生产动力总体不足。在全部50个样本中，只有21个县的规划提出了建设产粮大县、农业强县、现代农业示范中心、粮食生产示范基地等战略目标，占样本容量的42%。而在粮食主产区的31个产粮大县中，竟有71%的产粮大县提出“工业强县”战略，这说明现有的粮食生产支持政策对产粮大县的激励作用有限。而产粮大县承担着我国粮食安全的主要任务，其产粮动力不足，将对我国粮食供给安全产生巨大的影响。

3. 粮食主销区对主产区利益补偿的理论研究

本课题首先在分析我国粮食主产区粮食生产现状的基础上，深入地研究探索产生这些现状的深层次原因。由此，课题组研究了粮食主产区经济发展过程中的主要矛盾，并试图从理论上解释粮食主产区利益补偿的合理性。通过对粮食主产区经济的研究，我们发现：在粮食主产区，其经济发展过程中存在着四大矛盾：粮食安全的社会责任与粮食经济收益低下的矛盾，国家整体利益与粮食主产区局部利益的矛盾，粮食主产区与主销区的粮食生产与粮食受用的利益矛盾，粮食主产区自身经济结构矛盾。四大矛盾的存在，不仅制约着粮食主产区经济的发展，而且严重制约着粮食主产区农民种粮的积极性。在研究解决这些矛盾的过程中，我们认真研究了碳汇概念提出的背景、碳汇交易的原理、碳汇交易过程，及其在促进全球经济平衡发展、生态保护等方面的作用，并将碳汇交易原理拓展应用至粮食主产区利益补偿研究之中。以此原理为基础，我们提出了粮汇及粮汇交易的概念，并从理论上论证了粮汇交易的可能性、合理性和科学性，为创建一套粮食主产区利益补偿政策奠定了理论基础。

4. 粮食主产区利益补偿的制度设计与运行机制研究

以粮汇交易理论构建的粮汇交易制度体系，其核心架构是通过技术拟制、法律拟制、无形物交易等形式创建粮汇交易市场。粮汇交易市场由粮汇交易中心、粮汇交易主体和粮汇交易方式三部分构成。粮汇交易中心是全国粮汇盈余省区（粮食主产区）和粮汇差欠省区（粮食主销区）进行粮汇买卖的交易场所，其功能是计算各省区粮汇额度，制定交易规范，保证粮汇转移支付的顺利进行。粮汇交易主体是参与粮汇交易的主体责任人。根据“米袋子省长负责制”的政策要求，以省、自治区、直辖市作为粮汇买卖双方的交易主体。粮汇交易方式是交易主体参与粮汇交易并完成粮汇转移支付过程。

粮汇交易的运行机制首先是各交易主体粮汇额度计算。这是创建粮汇交易制度体系最为核心的部分，涉及粮食主产区和主销区利益均衡问题，直接影响着粮食主产区粮食生产的积极性。如前所述，粮汇交易市场由粮食主产区、粮食主销区和中央政府三方构成。在粮汇交易过程中，三方承担着不同的责任与义务。

粮食主产区（受汇方）：粮食主产区由于是粮食的输出方，创造了粮汇值，在粮汇交易过程中属于受汇方，即通过粮汇交易过程，将本区域所创造的粮汇额度，通过国家粮汇交易中心变现，进入本区域粮汇专用账户，成为本区域利益补偿。

粮食主销区（供汇方）：按照粮汇理论，在粮汇交易过程中属于供汇方。即通过粮汇交易过程，将本区域所亏欠的粮汇额度，通过粮汇交易的方式付现，从本地区粮汇专用账户划拨到国家粮汇交易中的专用账户，作为自身对没有承担粮食安全责任的一种经济补偿。

粮汇交易中心（组织方）：粮汇交易中心是代表中央人民政府实施粮汇交易的组织方。具体负责粮汇计算和粮食主产区与粮食主销区粮食之间的粮汇交易工作，直接对国务院负责。粮汇交易中心负责粮汇交易规则的制定，粮汇额度计算、粮汇额度通知以及交易时间的确定。

创建粮汇交易为核心的粮食支持制度体系，从理论到实践都是对现有粮食支持政策的补充和完善，与现有粮食支持政策并行不悖。由于粮汇交易政策的核心是以产粮多少作为基本点，所以，以粮汇和粮汇交易为核心的制度体系，在粮食主产区利益补偿和保障粮食安全方面能起到如下作用：可以使粮食主产区利益补偿有量化依据，平衡粮食主产区和主销区的利益关系；可以克服粮食主产区的“种粮歧视”心理，促进主产区加大粮食生产投资投劳从而增加粮食产量；可以防止地方政府利用耕地“占补平衡”政策实施“狸猫换太子”式的政策寻租行为，起到保护耕地的作用；可以促进粮食主体功能区的建设，促进粮食生产区域化的形成；可以减轻国家粮食补贴的财政负担，进一步优化支农资金来源的构成。

通过研究，本书实现了两点创新：一是粮食主产区利益补偿支持政策的理论创新——通过研究，论证并确立了在我国粮食主产区利益补偿政策中借鉴与应用碳汇交易原理的合理性和可行性，创建了粮汇和粮汇交易的概念，有望解决长期以来我国事实上存在的粮食主产区利益失衡问题，有利于激发粮食主产区的产粮动力，保障我国粮食安全。二是粮食主产区利益补偿政策架构的创新。创建了我国粮汇和粮汇交易的机制和制度体系，使主产区利益补偿有了基本依据和量化补偿手段，有望解决长期以来存在的对粮食主产区"补多少""怎么补"的问题，有利于调动粮食主产区生产粮食的积极性，保障国家粮食安全。

综上，本书在对我国粮食支持政策现状和国内外粮食支持政策系统进行归纳与梳理的基础上，依据幼稚产业理论、公共产品理论以及外部性理论等经济学基本理论，对我国粮食支持政策的理论基础和体系结构进行了深入研究。研究结论认为：建立以粮汇和粮汇交易为核心的粮食主产区利益补偿制度体系符合有关经济学基本理论，对于调动粮食主产区产粮积极性，平衡粮食主产区和主销区之间的利益关系，以及保障我国粮食安全具有较大的意义，是我国现有粮食政策的重要补充，研究成果可以有效解决粮食主产区利益补偿如何量化的问题。同时，本研究所提出的粮食支持制度体系，对于克服粮食主产区的"种粮歧视"心理、耕地保护中的"寻租"行为亦有一定的作用。本书所提出的粮食主产区利益补偿政策具有较为便捷的可操作性。

本书系教育部人文社会科学基金一般项目的最终成果（项目号：12YJA790180）。项目由河南科技大学岳佐华教授主持，研究团队主要成员是：张学军（河南科技大学）、李存贵（河南科技大学）、王向辉（河南科技大学）、王晓莹（河南科技大学）、岳宁（武警警种学院）、朱云章（河南科技大学）、薛选登（河南科技大学）。

最后，感谢教育部人文社会科学基金的大力支持，感谢在本项目研究中，被调研单位和参加调研的同学们的积极配合，感谢河南科技大学在项目研究中提供的宽松环境和良好的研究条件，感谢课题组成员数年来的辛勤付出。

目　录

改革开放初期，我国大陆尚有 21 个粮食输出省（区、市），从 20 世纪 90 年代中期开始，随着沿海各省（区、市）逐渐以发展第二产业为中心，粮食生产渐渐得不到重视，全国粮食输出省（区、市）开始减少，近些年来，粮食输出省份减少有加快的趋势。粮食输出省的持续减少，对我国粮食安全逐渐造成了威胁。造成这种局面的原因，除各省自然条件、工业基础、区位特征和人口变化之外，更加重要的原因是粮食主产区和主销区经济利益失衡而造成的主产区种粮消极的结果。2004 年以后，我国实施免除农业税、种粮直接补贴等农业支持政策，但粮食主产区由于粮食生产的天然弱质性，经济社会发展仍然较大地落后于粮食主销区，粮食主产区种粮消极问题较为突出。10 余年来，虽然我国粮食总产量连年增产，但粮食总体供需状况仍然处于较为脆弱的平衡状态。不解决粮食主产区的利益补偿问题，粮食主产区人民的种粮积极性得不到提升，将会对国家粮食安全造成威胁。因此，解决“谁来补”“补多少”的问题不仅是个经济问题，甚至是个政治问题。如何平衡粮食主产区和主销区的利益关系，使粮食生产持续、稳定地发展，需要从理论和制度上进行深入研究。

第一章　导言

1.1　研究背景和意义

1.1.1　研究背景

中国粮食问题的解决只能靠自己，国际粮食市场不能从根本上解决中国的粮食问题。这已经成为大家的共识。

中国共产党第十八次全国人民代表大会以来，新的中央领导集体审时度势，提出了“以我为主、立足国内、确保产能、适度进口、科技支撑”的国家粮食安全战略，体现了新的粮食安全观。

2014 年 10 月 15 日，国务院总理李克强访问联合国粮农组织总部时指出，中国政府历来高度重视“三农”问题，始终坚持立足国内农业生产，努力实现粮食基本自给，中国“要把 13 亿人的饭碗牢牢地端在自己的手中”，这既是我国政府坚定的保证粮食自给的决心，也是对世界的庄严承诺。

2015 年初，中央在北京召开了农村工作会议，将“保障国家粮食安全问题”列为当前和今后一段时期农村工作的重中之重，再一次明确“确保谷物基本自给、口粮绝对安全”的 2 条安全红线。

尽管近年来我国粮食总产量持续攀升，已经实现自 2004 年以来粮食生产的“十二连增”，然而从结构上看，“十二连增”主要是玉米产量的增加，是粮食种植结构调整的结果。这些掩盖了国内某些地区日趋严重的土地撂荒、农民丧失种粮积极性等问题，导致了我国粮食安全的形势并不乐观。可以说，对于人口大国中国来说，粮食不安全所带来的经济、政治、民生等危机，始终像“达摩克利斯之剑”一样高悬在国人头顶。

1.1.1.1　粮食生产和贸易形势

到2015年底，我国已经成为世界上粮食产量最高的国家。然而国内农业生产仍面临“……生产成本在不断上升。农业生态环境持续受损，耕地资源、淡水资源日趋紧张……”的严峻挑战①。同时，由于近年来我国饲料用粮和工业用粮的需求大幅度增加，我国粮食自给率却呈现出快速下降的趋势，我国在产出世界上最多粮食的同时，也成了世界上最大的粮食进口国之一。

根据FAO的统计口径计算，2000—2014年，我国小麦、水稻、玉米三大谷物的供求平衡量由6.57亿吨增加到7.25亿吨，增长幅度达到了10.4%，年递增0.71%；谷物的产量由3.45亿吨增加到4.92亿吨，增长幅度和年递增率分别为42.3%和2.55%。同期，出口量由965万吨下降到103万吨，增长速度和年递增率分别为-89.3%和-14.77%，而进口量则由286万吨增加到1760万吨，增长幅度和年递增率分别为51.54%和13.86%。据2015年2月10日的《农民日报》报道，2014年全年，我国进口大豆、薯类和高粱等达到创纪录的1.06亿吨。这也使得我国对进口粮食的依赖度上升。2004—2014年的10年间，我国粮食的进口依存度从6.2%增长到12.9%。其中，作为主要粮食产品的大豆的对外依存度在2014年竟达到了惊人的75%，已处于极度不安全的状态。

1.1.1.2　耕地保护形势

耕地是粮食生产的根本保障。农业部部长韩长赋曾撰文②指出，中国农业当前面临着“农产品需求刚性增长与资源硬约束趋紧并存、农产品供求总量平衡与结构性紧缺并存、农业生产成本上升与比较效益下降并存、农村劳动力结构性短缺与家庭小规模经营并存、基础设施薄弱与自然灾害

---

① 2014年12月22日召开的中央农村工作会议上李克强总理的讲话。

② 韩长赋. 全面实施新形势下国家粮食安全战略[J]. 求是,2014(10).

频发并存”等5大问题。而要保障国家粮食安全，其“根本在耕地”。然而实际上，近年来我国耕地面积日渐减少，耕地质量逐年变差的情况却越发严重，耕地保护的形势十分严峻。

（1）耕地面积减少。根据吴泽斌（2011）的研究①，从1985年到2008年的24年间，我国可耕土地面积共减少346.4×10^4公顷，年平均减少了15.1×10^4公顷。而据2015年4月由我国国土资源部所发布的公报称，截至2013年12月，我国现有耕地的总面积为1.282亿公顷（合20.27亿亩），居于18亿亩红线之上。但从人均的角度来看，中国与其他国家的差距非常大。中国的人均耕地面积只有0.101公顷，不到世界人均耕地面积（0.23公顷）的1/2，而美国的人均耕地面积已经达到0.7公顷。数据表明，虽然从总量上看，我国耕地面积目前仍居世界第4位，但人均耕地占有量却不足世界平均水平的近1/3，处于比较低的水平，且耕地平均质量总体偏低。

（2）耕地质量下降。耕地是进行粮食生产的基础，是确保我国粮食安全的根本。10多年来，由于广大农村地区有机肥施用量逐年减少，造成有机肥与无机肥施用比例和氮磷钾施用比例严重失调，不仅导致化肥利用率低、施肥效益直线下降，而且由于大量不合理地施用化肥、农药，造成可耕地土壤的肥力下降和污染，耕地质量从总体上看呈下降趋势。我国国土资源部在2009年和2014年先后进行了2次中国耕地质量等级调查与评定②，调查结果显示，5年间，尽管中国耕地中的优等地占比略有增加，从2.67%增加到了2.9%；但高等地占比下降却很快，从29.98%快速下降到了26.5%，这些数据表明，我国近70%的可耕地多为中、低等耕地。

1.1.1.3 农民的种粮积极性下降

自2006年我国全面取消农业税以来，国家通过种粮直接补贴、农业生产资料补贴、农田水利基础设施建设投入等各种途径对粮食生产进行补

① 吴泽斌．耕地保护利益冲突及其管理研究［D］．杭州：浙江大学，2011.

② 具体见2009年、2014年国土资源部发布的《中国国土资源公报》以及陈印军，肖碧林，方琳娜，等．中国耕地质量状况分析［J］．中国农业科学，2011，44（17）：3557－3564.

贴。但由于存在城乡差别，况且务工和务农的收益逐渐拉大，农民的种粮积极性不断受挫。据詹琳（2010）研究，改革开放以来，我国先后出现了3次规模比较大的耕地撂荒现象：一次是在20世纪80年代中后期，第二次是在1992年前后。1997年以来，我国农村出现了第三次耕地弃耕撂荒的高潮，目前这种状况仍然不见好转。

（1）农民投工投劳递减。进入21世纪以来，随着我国城镇化的不断加快，越来越多的农民在农闲时外出打工，农忙时回家耕作，我国农村逐步形成了“半工半耕”的生产模式。近年来几次全国农业普查的数据表明，农民对于农业生产的投工投劳程度在逐年递减。据统计[①]，全国农业户中纯农户占比从1996年的62.8%下降到1999年的40%；而到了2008年，全国粮食生产大省如四川、吉林、安徽、黑龙江、浙江5省的纯农户比例已经下降到25.3%，这个数字意味着，我国部分地区大多数农民的生产生活模式已经不再是以“农”为主，未来我国农业生产可能会陷入“无人愿意种地”的危险状况。

（2）农地非粮化种植趋势。随着良种繁育、节水栽培等农业科学技术在农业生产中的应用，粮食单产有所提高。然而，随着近些年农户承包经营权流转速度的加快，粮食种植面积反而出现了显著下降的趋势。根据课题小组2014年做的问卷调查结果表明，没有参与农地流转的农户，粮食的种植面积占比为74.3%，而转入农地的农户，粮食种植面积的比重则明显减少，为60.2%，这说明，由于土地使用权流转所造成的农户“非粮化”从事农业生产的现象日益严重。

（3）农民“脱农”趋势明显。长期以来，我国农业生产就与“脏”“累”“条件艰苦”等特点相伴随。再加上农业生产比较效益的持续降低，农民不愿承担农业生产任务的现象越发严重，为了有更多的收入，农村的年轻人、男性一般都会利用农闲时间到城市打工，留下来务农的人员也主

① 程国强．四川崇州“农业共营制”具有重要的改革创新意义[N]．中国经济时报社，2015－02－06.

要是“386199部队”，即老年人、未成年人和由妇女组成的务农人员队伍。

尤其是新生代农民既不愿意也不能够从事农业生产。所谓新生代农民，是指那些从小就很少干农活，中学毕业后考不上大学然后就大批量涌入城市谋生活的“农二代”。他们走进城市，逐步取代父辈成为城市打工者。这一批人虽然身上还带着“农民”的身份，但已然没有务农的经历和知识，因此，他们对土地不再依恋，对农村生活越发排斥，对农村社会缺乏认同，对农业生产有较强的抵触心理。2013年，清华大学中国经济数据中心发布了“城镇化全国入户调查数据”，结果表明，有超过七成的“80后”农民工不愿意返乡就业，愿意回乡务农的只有7.3%，这种情况在“90后”农民工中更甚，只有3.8%。本课题组对河南省116个村庄的抽样调查结果表明，2014年在农村从事农业生产的41岁以上劳动力就占到66.2%，这表明年轻一代的农民正趋于不“以农为业”。

1.1.1.4　地方政府的粮食生产惰性

由于粮食生产的比较效益偏低，一些地方政府对粮食安全存在认识上的思维偏差，再加上多年来GDP思维的影响，地方政府在粮食生产方面也存在一些惰性，这一点可以从某些农业大县制定的五年规划中找到一些证据。

根据我们针对全国产粮大县中选出的来自50个产粮大县进行的调查发现，产粮大县在发展经济的建设目标和发展重点战略规划中，对农业的基础地位、粮食安全的重视程度不高，仅有38%个产粮大县提出建设目标，多数产粮大县粮食量产化目标不明确，仅有46%的产粮大县提出量产化目标，农业在“三产”中的比重整体降低，农业发展优势低，因此，尽管中央政府政府积极倡导提高种粮积极性，保障粮食安全，但地方政府重视粮食生产的动力不足，大力发展农业尤其是粮食生产的积极性偏低。

综上所述，无论是从我国的人口总数、人均粮食占有量、人均耕地占有面积来看，或是从粮食的进口依赖度等方面来看，还是从种粮者农民、管理者地方政府等从事粮食生产的积极性等情况来看，我国的粮食安全问题都依旧严峻。

1.1.2 研究意义

本课题的研究重点是为粮食主产区利益补偿问题，为主产区利益补偿构建一个经济学的理论支持和一个具有可操作性的制度体系。

在理论支持方面，本研究通过对我国粮食主产区利益补偿的综合研究，为我国制定粮食生产支持政策提供一个理论依据：粮食主产区承担着我国粮食安全供给的重任，要保证我国粮食有较强的生产能力和安全供给保障，粮食主产区人民的产粮积极性是否得到激发是一个决定因素。粮食主产区人民产粮的积极性从根本上说是他们的投入和收益是否达到了心理预期，达到了心理预期，产粮积极性就可以得到保护，否则，产粮积极性就可能受到削弱。改革开放之后，我国的经济体制由计划经济体制转变为市场经济体制，一个地区产业经济效益如何直接决定着该地区的经济发展程度。所以，包括粮食主产区在内的不同地区在主观上就会产生追逐经济效益较高的产业。由于粮食种植产业经济产能相对较低，因而出现了“产粮大县，经济穷县，产粮大省，经济穷省”的现象，极大地挫伤了粮食主产县、主产省人民的产粮积极性，持续下去，将会直接威胁我国粮食供给的安全。本研究通过对粮食属性、我国的人口规模以及所处的国际现实环境等进行了深入研究，从理论上论证了对粮食主产区进行利益补偿的合理性，为我国制定粮食主产区利益补偿政策提供理论支持。

在实践意义方面：从目前我国对粮食主产区进行利益补偿的研究看，其主流观点基本认同应该对粮食主产区进行利益补偿，对粮食主产区人民在承担国家粮食安全责任，为国家粮食安全做出贡献的同时，不能再让他们在经济收益上吃亏。但是，对“怎样补”“补多少”等具体问题尚无较为一致的结论，以至于至今仍没有形成粮食主产区利益补偿的有效机制。本研究从公共产品理论、外部性理论和农业基础地位理论的基本观点出发，提出了粮汇与粮汇交易的概念，并以此为基础研究设计了粮汇交易制度体系。通过对粮汇和粮汇交易概念及其粮汇交易体系的研究，形成了粮食主产区利益补偿政策的核心观点与制度架构。创建了以粮汇和粮汇交易为核心支持粮食生产的制度体系，试图解决粮食主产区利益量化补偿的问题。

1.2　国内外研究现状综述

1.2.1　国外研究概况

有关粮食比较效益和生产补贴的研究在国外开展得较早，早期主要运用成本收益分析方法，从是否给予补贴、如何补贴等视角来展开研究。

（1）关于是否对粮食生产进行补贴，各派观点存在较大差异。

庇古（Pigou，1920）作为英国剑桥学派的主要代表人物，善于从投资收益、外部性等方面分析农业生产。他认为，如果某项投资的边际私人收益大于边际社会收益，则征税，反之，则补贴，这样就能够消除外部性的不良影响，从而促进该类投资。从这个角度讲，国家应该给予农业生产补贴，以支持农业的发展，原因在于农业部门的边际社会收益大于其边际私人收益，具有正的外部性。

而新古典主义学派（如 A. Bstoeckl）提出了与庇古相左的观点。他们认为，作为干预市场的手段，农业补贴将扰动市场价格，提供虚假价格信息，误导农业生产，最终结果是出现市场失灵。所以政府不应给予农业补贴，必须完全按照市场的供求，实现自由贸易。

也有人居于中间路线，如新自由主义学派就认为，虽然对农业等给予一定的财政补贴是必要的，但出现效率降低的原因主要是政府的补贴政策出现失误，补错了对象：政府应该把补贴给予消费者才行，否则结果欠佳。新货币主义者提出了与新自由主义学派的观点类似的看法。

公共产品最优供给理论学派给出了新的解决办法。他们认为，作为政府，其首要职责不是补贴，而是供应公共产品，如农业公共品（包括农田水利基础设施、生态林环境、农业科研成果与农技推广体系、农业生产道路和设施等）。

（2）关于粮食补贴的幅度。美国经济学家钱纳里（Chenery，1979）

构建了反映经济发展的多国模型，他认为，一国经济发展达到一定水平之后，工业开始反哺农业，对农业的补贴幅度应与该国经济发展水平相适应，那些人均 GDP 达到 300 ~ 1000 美元的国家和地区，每年政府应拿出基本建设投资总额的 10% 左右对农业的基本建设进行补贴。

（3）关于粮食补贴效果的实证研究。国外已有众多学者运用局部均衡和一般均衡理论，利用经济模型等方法，对有关农业支持政策所产生的结果进行了定量研究。Valdes 和 Zeitz（1980）利用局部均衡模型对发达国家的农业支持政策对发展中国家的粮食生产及食品价格平均水平的影响进行了分析；Tyers（1986）运用多元局部均衡模型对农业领域保护贸易的影响进行分析；Timothy 和 Keit（1993）利用对比分析法，研究了中、美农业生产中所采取的支持政策，并对产生的效果进行了分析。这些从不同角度开展的研究，使人们对粮食补贴政策效果的认识变得清晰。

（4）关于粮食补贴政策的执行和效果方面。联合国粮农组织（FAO）的 Panos Konandreas 和 Jim Greenfield（2001）认为①，围绕农业协议中的国内支持条款作用，探讨了国内支持条款对发展中国家粮食补贴政策的影响。

曾任加拿大农业食品经济和政策分析司的 James Rude（2000）在《"绿箱"标准的理论评价》一文中，探讨了 WTO 农业措施条款对收入的重新分配和调整市场失灵方面的作用。Mary E. Burfisher 运用标准的全球可计量均衡模型，对美国、日本和欧盟农业政策改革及其所产生的效应进行了测算，认为如果在主要的贸易伙伴之间消除农产品进口的壁垒，放弃"黄箱"和"蓝箱"措施以及出口补贴，将会促进各国间的农产品贸易。

1.2.2 国内研究概况

作为第一产业的农业，是第二、第三产业的基础，其重要性不言而喻，但其与二、三产业间存在的差异也是很多的。因此，无论业界还是学界，关于粮食生产补贴的必要性基本都已达成共识。姜作培（2000）认

---

① Panos Konandreas, Jim Greenfield. Policy Options for Developing Countries to Support Food Security in the Post – Uruguay Round Perild[J]. *Canadian Journal of Development Studies*, 2011, 19(4): 141 – 159.

为，农业产品属于人类生存的必需品，是社会发展不可缺少的物质依赖，这些特点决定了它应该是国民经济的基础，按照产业均衡发展的原理，在社会经济发展中，对农业发展进行适当补贴，以求社会的均衡稳定是完全应该的。韩晓光等（1999）从农业是生物再生产和经济再生产的产业特性出发，认为农业具有天然的弱质性，一方面农业相对于其他产业比较利益低下，而且农业不仅面临市场的风险，还要面临生物生长过程中的自然风险；另一方面，在人类数量基本稳定的前提下，人们对农产品需求的数量基本不变，同时，由于农业生产期相对较长且非常固定，农产品的供给与农产品需求就可能出现差异，进而产生价格波动，这样，农产品会在一定时期内，某种程度上，导致农产品价格出现波动，致使农民受益可预期性差，从而影响农民的收入，所以，国家应该从整体社会稳定发展的角度对农业进行补贴。倪洪兴（2000）则是从粮食具有公共产品属性作为研究始点，认为农业不仅是一种产业，还是一种文化，延续着农耕文化向现代文化的变迁轨迹，所以，对农业来说不能仅仅从经济一个角度去衡量其价值。农业具有一定的社会公益性，因此从社会公平的角度讲，应该对农业进行额外的利益补偿。

而更多的专家学者则围绕粮食生产“为何补”“如何补”“钱哪儿来”“补什么”“啥效果”来开展深入的探讨研究。

（1）粮食生产补贴的目的：蓝海涛（2003）研究了我国农业政策目标，认为：我国农业的政策目标不太稳定，在农产品短缺时，重心放在增加农产品的产量上，在城乡经济发展差距加大时又强调增加农民的收入，而不是通过对农业生产进行稳定的关注进而稳定农民的收入。这样政策的结果就会出现农产品供应不足或供给过剩，致使农民收入高低起伏，影响农业的发展。于是，牛若峰（2000）提出，在我国农产品供应充沛时，应该适时调整农业政策，引导农民调整产业结构，以稳定甚至增加农民收入。吴泽斌、刘卫东（2009）研究了农业补贴标准，认为对粮食产区的补偿应以能够弥补粮食产区农民为种植粮食而损失的机会成本为准。王来保（2004）、叶慧（2007）认为粮食补贴政策目标要有一定的结构性，以产生不同的政策结果。如保持农田面积政策、维护粮食产量和价格政策、增加农民收入和保护生态环境政策等。朱新华、曲福田（2007）利用外部性理论研究了农业政策，认为应该对农业产生的正的外部性给予足够的认识，通过税收和市场调节等多种转移支付方式的组合，对农业生产的外部性进行补偿。

（2）关于粮食主产区的利益补偿机制，国内研究不少，并且从不同角度的研究已有了一些结论。万宝瑞（2004）、朱泽（2004）认为，在目前的情况下，由于不同行业存在着不同的利润空间，粮食生产即使在农业范畴内也是比较收益最低的产业，所以，对粮食生产者进行补偿是符合社会整体利益的。只有采取有利粮食支持政策，建立完善的补偿机制，才能保护和调动种粮农民生产粮食的积极性。马有祥（2004）认为，政府制定粮食支持政策的目标要与种粮农民的目标一致起来，否则，国家需要粮食，农民需要收益，就容易出现目标不一致的现象。因为保证粮食的充足供给最终是要靠农民种粮的积极性，如果农民的种粮积极性受到抑制，国家粮食安全就是一句空话。所以，马有祥认为实现粮食支持政策目标，前提条件是必须保证农民从粮食生产中得到应有的收益。王雅鹏（2005）、沈淑霞（2005）从农民积极性与粮食生产效益的关系进行研究，他们认为，农民作为从事粮食的生产者，他们的直接目标是获得收益，并且要获得相较于其他产业基本相同的收益，否则，种粮农民也会弃粮从它。农民的种粮积极性与粮食产量及生产效率有明显的正相关，而建立科学长效的利益进行补偿的机制，解决农民种粮积极性下降的问题是关键。韩俊（2008）作为长期关注我国粮食生产的官员和学者，则非常赞同粮食主产区和主销区之间应建立区域间补偿联系，甚至形成一种机制，这样，可以平衡二者之间的利益关系，这是保障国家粮食安全的一个重要途径。

（3）关于补偿原则。田建民（2010）认为，补偿机制应当遵循中央政府主导原则、不同粮食分区责权利相一致的原则、发挥资源优势的原则同时兼顾市场机制原则等。在构建粮食主产区投入和利益补偿的制度中，必须借助市场的力量，采用间接手段调控粮食生产，降低公共财政负担。

（4）关于补贴方式：最简单的针对粮食生产进行补贴的方式就是“直补”，即直接发放补贴资金给农业生产者；或采取国家转移支付的形式，如补贴、奖励等（潘刚，2010）。考虑到补贴效果，多数学者认为，应区分粮食生产的不同阶段和粮食供需变化适时进行政策调整，这样既能保证粮食产业稳定发展，也能保证农民稳定收益。孙大光（2002）对粮食补贴方式的效果进行了研究，认为，与间接补贴相比，直接补贴的效果较好。直接补贴政府财政并没有比间接补贴支出更多，同时，农民的收益也没有减少，这种直接补贴的方式对于农民来讲来得更加直接、更加便利，因而，对积极性的调动要更有效，这也算是一个帕累托改进。何忠伟（2006）对间接补贴和直接补贴两种粮食补贴方式的效果进行了评价，也得出了与孙大光相同的结论。但同时，粮食补贴也会产生负面效应。雷海章（2002）从政府的粮食直接补贴会否干预粮食价格的形成角度研究，认为：农业补贴政策能够在一定程度上刺激农产品供给、提高农民收入，但是补贴应该不至于严重造成价格扭曲的作用。否则，不仅会加重政府财政负担，从长期来看也会产生与市场机制不一致的负面作用。

除此之外，还有人对粮食产销区之间的补偿问题进行了研究，赵宇红、傅立忠等（2002）提出，应该建立粮食产销区供销合作关系，这应该是一种简便有效的方式；刘先才（2005）从粮食生产补贴的体制机制入手进行了研究，提出了要进行体制创新，设计粮食主销区到主产区建设粮食基地，以促进产销区域对接的思想。

（5）关于补偿资金来源。关于补偿资金从哪里来，大致有两种观点：一是在现有的粮食风险基金规模内调剂解决，以免增加中央和地方的财政负担。如湖南省、吉林省等已经做了一些很好的尝试。二是调高对农民的补贴标准，如果风险基金不够，中央财政可以增加补贴。同时有观点认为，粮食生产是具有保障国家粮食安全、保持民族文化传承、保护区域生态环境等多种作用的特殊公共品，补偿资金理应来自国家（蒋和平、吴桢培，2008）；尹成杰（2010）、朱新华（2007）则提出了完全对立的观点，认为粮食生产也具有私人物品的特点，应遵循“谁受益谁补偿”的原则，即粮食主销区需要向粮食主产区支付一定的资金，支持主产区的粮食生产，但具体关于如何筹集资金尚无可操作的研究成果。

（6）关于补偿对象。一般来讲，粮食补贴的对象主要是种粮农民、商品粮调销、农业基础设施、仓储设施等（潘刚，2010），但尚存在争论。一种观点认为，补贴对象应是粮食生产主体，以充分调动种粮者，尤其是种粮大户的生产积极性，稳定和发展粮食生产；另一种观点区分了当前和过去的种粮农民，认为应补贴给改革前种粮的农民，从而既保证了改革前种粮农民的既得利益，又有利于引导和促进农民调整种植结构。第三种观点是扩大种粮补贴的范围，农民无论种植什么，都给予补贴。很显然，这种方法必然会造成补贴资金的分散，对种粮农民的补贴力度必然会减少。

（7）关于补贴影响和效果。主流观点都认为，粮食补贴政策达到了促进粮食增产、提高农民收入的目的（刘鹏凌，2005），同时也产生了明显提高农民种粮积极性、增加农民收入、优化种植品种结构等方面的辅助作用（陈波，2006）。但如果从区域间补偿的角度来分析，现行的粮食补贴政策势必会造成一种“穷省补贴富省”的悖论结果（韩俊，2010）。

杨友孝、罗安军（2006）对粮食直补的政策效应进行了实证分析，提出以现金方式发放的粮食直接补贴，其执行效率要高于实物补贴，减少政策对市场作用的扭曲，从而能够减少社会福利的损失。叶兴庆（2002）认为，我国用粮食直补代替粮食收购的保护价（间接补贴），既能够增加农民收入，又可以减少中间环节的成本，提高了政策效率。

（8）关于粮食主销区对主产区补偿的研究。张忠明（2012）在其博士论文《粮食主产区利益补偿机制研究》中，对粮食主销区对主产区进行利益补偿进行了系统的研究。张忠明以河南和广东两省为代表从两者的粮食产量、财政收入方面和农民人均纯收入方面进行研究，得出结论：粮食主产区无论是人均财政收入还是农民人均纯收入都与粮食主销区存在着很大的差距，认为人均财政收入与粮食产量呈显著负相关。进一步研究认为，粮食主销区是粮食主产区粮食生产所产生的正外部性的直接受益者。所以，主销区理应对主产区进行利益补偿。由此，张忠明提出了通过主销区GDP提成、主销区土地出让金提成、征收粮食安全税等组成粮食主产区利益补偿基金的方式进行补偿。[①] 杨建利、靳文学（2015）通过研究，认为对粮食主产区应该建立包括现金补偿、实物补偿、服务补偿、干部利益补偿等在内的综合补偿体系。[②]

从总体研究来看，对粮食生产实行补贴得到了研究者的一致认同，作为粮食生产任务的主要承担者——粮食主产区需要得到适当的补偿，无论学界、政界均有较为一致的观点。但是，从目前研究成果和粮食支持政策的变化来看，尚无学界一致认同的政策可供操作的成果出现。特别是粮食主销区在对粮食主产区利益补偿中承担的责任以及如何履行这些责任，虽然近些年引起了学术界的关注，也提出了一些政策思路，但研究成果总体缺乏可操作性，目前尚无突破性的成果，以至于这个问题还没有得到很好的解决。本课题将利用一个新的思路——借鉴碳汇原理，构建粮汇交易机制，研究粮食主产区利益补偿问题，试图解决长期困扰政府的粮食主产区利益补偿问题。

1.3 本书的主要内容和重点解决的问题

1.3.1 主要内容

本书的目的是解决粮食主产区支持政策的理论基础，并构建制度架构。基于此，围绕研究目的，本书主要研究了以下内容：

（1）理论基础。任何一个研究成果都必须有较强的理论基础作为支撑，没有基础理论支撑的研究将是无本之木。本书在进入核心问题研究之前，亦对研究的理论基础进行了系统的梳理与归纳，这些理论包括：产业结构和产业保护理论、公共产品理论、外部性理论、生态理论以及农业基础地位论。在产业结构和产业保护理论上，我们认为：中国作为幅员辽

① 王忠明．粮食生产区利益补偿机制研究［D］．北京：中国农业科学院，2012.

② 杨建利，靳文学．粮食主产区利益补偿机制研究［J］．农业经济南，2015(05)：9 – 13.

阔，人口众多的大国必须具有完整的一、二、三产的产业结构，特别是第一产业，随着社会文明和科学技术的进步，作为人类生存依赖的第一产业在国民经济中所占的比重将会越来越低，对 GDP 的贡献率也不高，但这并不能认为第一产业在经济社会发展中地位下降。尤其是在我国，一旦忽视农业将会给我国在世界竞争中造成巨大的危险，带来不可想象的后果。同时，农业又是弱势产业，需要政府在政策中予以扶植，才能保证农业的正常发展。人们对李斯特（Friedrich List，1841）的幼稚产业保护理论研究后提出了判断幼稚产业的三个标准：其中穆勒（John Stuart Mill）标准认为：当某一产业处于较小规模时，其竞争能力较弱，其生产的综合成本就会高于市场平均价格，在这种情况下，政府如果放任不管，该产业就会逐渐萎缩。政府应该提供一定的保护政策，使该产业能够发展壮大，以使该产业在政府的扶植下正常发展，直到自己发展成为有一定竞争实力的产业为止。[①] 目前我国的农业，特别是粮食种植产业基本处于这样的状况，政府应该实施一系列政策，为其发展提供优惠条件，为其营造良好的国际国内环境以免其凋敝。在公共产品理论方面，本书认为，粮食具有双重属性，既有经济属性，亦有社会属性。粮食的社会属性就具有某种公共产品的性质，同时，借助于外部性理论的支持，粮食具有强烈的正外部性，粮食产业的发展是其他一切产业发展的基础，到目前为止，粮食仍然是人类生存的基本物质，粮食生产的过程为其他产业提供着环境与生态受益，所以，当粮食生产处于弱势地位时，政府的政策支持就是必不可少的了。在农业基础地位方面，不仅在中国，就整个世界而言，农业也是人类生存的基础，所以，农业是人类发展的百业之基。人类只有拥有强大厚实的农业基础，才有社会文明科技进步进一步发展的支点。

同时，本课题组还依据我国人口规模和国际环境，提出了“中国人口规模论”和“中国国际环境论”两个理论支撑观点。我国人口占世界人口接近 1/4，人均耕地偏少，这样大的人口规模，国际粮食市场是不能保证

---

① ［德］弗里德里希·李斯特．政治经济学的国民体系［M］．北京：华夏出版社，2009.

中国粮食耗用数量的，早在20世纪90年代，就有西方学者担心“谁来养活中国人”。基于此，中国的粮食问题必须依靠自己解决，而不是依据粮食生产能够创造多少经济效益。而中国所处的发展阶段以及面临的国际环境亦对中国粮食产业发展提出了较高的自给要求。粮食已经超出了经济或民生范畴，进入了政治范畴。中国正处在民族复兴的快速推进阶段，国际上特别是以美国为首的西方发达国家一直实施遏制中国崛起的战略，美国原国家安全助理布热津斯基（Zbigniew Brzezinski）就曾提出“粮食武器论”——中国人口规模大，一旦中国粮食出现较高的对外依存度，美国就可以利用自己对国际粮食市场的控制，用粮食作为武器来遏制中国的崛起。

（2）国内外粮食支持的历史演变和现状。国外的粮食支持政策由于土地资源和人口资源等国情不同，国外的粮食支持政策对我们的借鉴意义更多地体现在政策思路与政策精神上。所以，本部分重点研究的是我国粮食生产支持政策的变迁与现状，时间节点选择在新中国成立之后，以期为后续研究提供研究基础和研究切入点。

（3）粮食主产区利益补偿的理论基础——碳汇交易原理及其拓展性。碳汇及其交易是人们为应对日益严重的地球变暖而制定的一种虚拟交易规则。碳汇及其交易机制的概念形成于1997年，并于2005年2月16日在全球正式生效。

进入20世纪90年代，由于世界工业化的发展与推进，产生了过量的二氧化碳排放，这不仅消耗了大量的不可再生资源，还造成了温室气体在大气层的堆积，使地球变暖的速度加快，直接威胁着人类的持续性生存和发展。为缓解全球气候变暖的趋势，1997年12月由联合国气候变化框架公约国的代表（共计149个国家和地区）在日本京都通过了《京都议定书》，由此形成了“国际碳排放权交易制度”（以下简称“碳汇交易”）。“碳汇交易”制定的目的是减少全球温室气体排放，也是进一步限制世界各国二氧化碳排放量的国际法案。“碳汇交易”之所以产生，是因为各国在发展本国经济的同时，产生的温室气体二氧化碳无责任、无节制地排放到了大气层。而大气层属于人类的“公用地”，没有一个国家首先主动承担人类“公用地”的保护责任。持续下去大气层就会成为加勒特·哈丁（Garret Hardin）笔下的“公用地的悲哀”。

这个原理可以借鉴到我国的粮食生产上：粮食是人类生存不可或缺的物质，但是粮食生产在我们人多地少的国度里又是一个低效的产业。在以经济建设为中心的氛围下，粮食生产的低效性导致没有人愿意种植粮食。如果不采取措施，任其发展下去，就会直接威胁我国的粮食安全。本研究以碳汇交易原理为基础，结合我国粮食生产的实际，通过深入研究，延伸出了以粮汇和粮汇交易为核心的，为我国粮食安全提供保障的理论体系。

（4）粮食主产区利益补偿的制度体系。本部分内容为本课题的核心内容。重点研究内容是：粮汇及粮汇交易概念，粮汇交易原理，粮汇交易市场，粮汇交易规则以及以粮汇交易为核心的粮食主产区利益补偿的政策体系等几个基本问题。在具体研究内容上，首先界定了粮汇和粮汇交易的概念，并对粮汇交易原理进行了较为深入的研究。以此为基础创建了粮汇交易市场和粮汇交易规则。在创建粮汇市场时，确立了进入市场交易者的身份和代表的利益群体以及粮汇交易的时间节点，在交易规则的研究中，确立了粮汇供给方（粮食主销区）、粮汇受汇方（粮食主产区）、政府三方的权利与义务以及粮汇基期和粮汇额度确定、粮汇交易的起讫时间或有效期界定等。同时，对以粮汇交易为核心的制度体系进行了较为严谨的设计。

（5）粮食主产区利益补偿的政策运行建议。本部分重点研究以粮汇和粮汇交易为核心的政策体系在执行过程中需要注意的问题。包括主产区和主销区粮汇计算及粮汇转移支付，粮汇交易规则可能出现的问题及其规避以及在政策执行过程中的操作规范等。

1.3.2 重点解决的问题

目前，国内对粮食生产实行补贴得到了研究者的一致认同，对主产区粮食生产整体性利益补偿也已受到关注，但在补贴方式、方法上，尚有不同的观点，特别是在粮食主销区对主产区利益补偿问题的研究上，尚未形成可操作性的成果。然而，如果粮食补贴政策不能实现粮食主产区和主销区利益均衡，就会加快种粮消极现象的蔓延，对我国粮食安全造成重大威胁。

本课题拟重点解决两个问题：一是构建主产区利益补偿的理论体系，即在理论上建立一个既符合经济学理论也符合道义公平的理论架构，使包括主销区在内的人们认识到对粮食主产区进行利益补偿不仅是道义的补偿更是责任的偿还。二是构建一个以粮汇和粮汇交易为核心的制度体系，使主产区利益补偿得到量化，亦使主销区产生心理震撼并设法尽可能多地生产粮食，以充分保障我国粮食安全。

目的是解决长期以来困扰政府和学者的对主产区“补多少”和“怎样补”的问题。从而使粮食主产区根据粮食的贡献度获得相应的补偿，使主销区根据其粮食差欠度承担相应的补偿责任，实现粮食主产区和主销区在经济上逐步均衡发展的目标。

1.4　本书的思维路线和基本架构

1.4.1　思维路线

首先，依据经济学理论，在系统研究国内外粮食生产支持政策的基础上，详细梳理粮食生产支持政策的理论研究成果，根据我国国情，探寻我国粮食生产支持政策的立论基础和基本出发点。其次，借鉴碳汇产生背景和碳汇交易原理，利用比较的方法，深入研究碳汇及其交易原理在我国粮食生产支持政策使用上的可行性，形成粮食主产区利益补偿的理论体系。以此为基础，创建我国粮汇及粮汇交易制度体系和运行架构，作为我国粮食主产区利益补偿的政策体系。最后，在前述研究的基础上，提出建立我国粮食生产支持政策的基本建议。

1.4.2 研究思维路线的基本架构

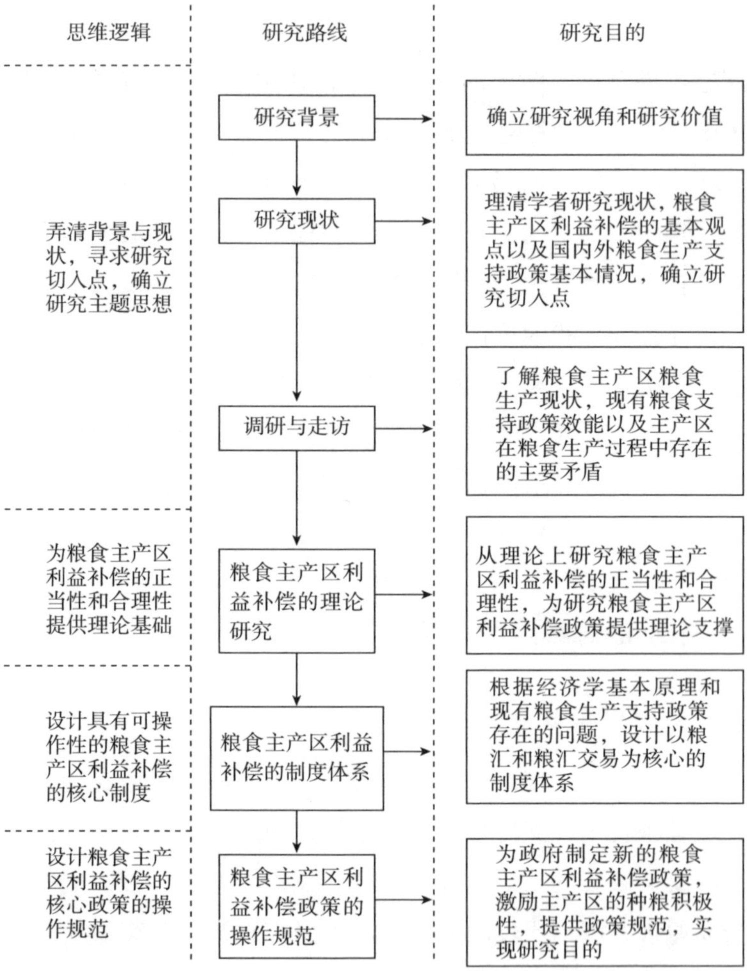

1.5 本书的创新点

本书的创新点有两个：

一是粮食主产区利益补偿支持政策的理论创新——通过研究，论证并确立了碳汇交易原理在我国粮食主产区利益补偿政策中借鉴与应用的合理性和可行性，创建了粮汇和粮汇交易的概念，有望解决长期以来我国事实存在的粮食主产区利益失衡问题，有利于激发粮食主产区农民的产粮动力，保障我国粮食安全。

二是粮食主产区利益补偿政策架构的创新。创建了我国粮汇和粮汇交易的机制和制度体系，使主产区利益补偿有了基本依据和量化补偿手段，有望解决长期以来存在的对粮食主产区“补多少”“怎么补”的问题，有利于调动粮食主产区农民生产粮食的积极性，保障国家粮食安全。

第二章　国内外粮食支持政策演进与借鉴

世界上各个国家都有自己的粮食生产支持政策，研究国内外粮食生产支持政策的演进与现状，可以从历史和现实的角度为研究我国粮食主产区利益补偿政策提供基本参考依据，同时可以借鉴国内外优秀的粮食政策精华为我所用，因此，本章是本课题的铺垫性研究部分，从而为后续研究夯实基础。

本章国外部分主要研究了欧、美、日以及几个新兴国家粮食支持政策的演进，国内部分主要研究新中国成立以来我国粮食支持政策发展演进过程。研究发现，国内外粮食生产支持政策基本上是随着国家工业文明的发展，其支持力度和政策体系在不断完善，以保持足够的粮食生产能力。从2004年开始，我国逐步加大对粮食生产的支持，形成了一个粮食生产支持政策的“高峰”，新的粮食支持政策对粮食主产区产生了一定的外源压力和诱致动力，但是对粮食生产的内源动力却激励不足，目前，粮食支持政策效力逐渐式微。由此我们认为：粮食主产区粮食生产支持政策应该加大补偿机制研究，促进产粮动力的顶层设计。

2.1　国外粮食支持政策实践与演进

粮食问题属于全球性问题，长期来看，随着世界人口数量的增加，地球耕地资源有限，人口增量与耕地资源的矛盾会愈加严峻，对世界粮食供给带来的压力与日俱增。尤其是大气环境、气候灾害等导致的区域性粮食短缺甚至会进一步加剧，因此不论是发达国家还是发展中国家，确保粮食安全供给都是政府农业政策的主要目标之一。系统研究世界各国的粮食支持政策的有效制定与实施和经验，对提升粮食生产能力，保障粮食安全具有非常重要的借鉴价值。

2.1.1 欧美国家粮食支持政策

2.1.1.1 欧盟国家粮食生产支持政策的演变

欧盟尽管是发达国家集团，但对粮食生产一直非常重视。其粮食生产支持政策包括直接的价格干预、收入补贴以及质量安全等支持性政策。这些政策对于区域内粮食安全和经济平衡发展起到了非常大的作用。研究它们的相关政策，可以看出，主要分为以下四个阶段。

（1）以价格支持政策为主的阶段（1992 年以前）

这一阶段，为了刺激农民生产粮食及其他农产品的积极性和达到增加生产总量的目的，欧共体主要采取以价格支持为基础的粮食支持政策。在这些政策的影响下，20 世纪 90 年代初农业产量大幅提高，并出现过剩现象，导致出现了财政补贴高负担的后果。实际上这种对产品价格的直接支持，导致了欧盟各国的农产品价格高扬，也降低了其在国际市场上的自由竞争能力。为了解决这些问题，1992 年 6 月，欧盟第一次对共同农业政策进行了审视与改革，欧盟的农业支持政策原来是以价格支持为主，根据经济发展情况调整以价格和直接补贴协调进行的机制，增强了欧盟农业支持政策的针对性和政策效力。

（2）价格支持与收入支持双轨运行阶段（1992—2002）

1992 年 CAP（欧盟共同农业政策）农业支持政策进行了较大改革，在内容上，减少价格支持，将政策的支持重心放在了增加农民收入上，由主要对产品补贴变为主要对人的补贴。同时，进行了国土整治和保护环境等农业基础设施，提升农业耕地的生产力。20 世纪 90 年代中期，欧盟共同农业政策改革已经出现了成效，有效解决了农产品过剩问题，同时也降低了欧盟财政负担。为了更适合 WTO 的贸易规则，欧盟委员会在 1999 年通过了《欧盟 2000 年议程》，这个议程注入了不少新的内容。在这一阶段的改革中，分步骤、分阶段地削减了对主要农产品的价格补贴，并通过直接收入补贴的方式补偿农民。因此，一段时间内出现了农产品价格支持政策与农民收入支持政策双轨运行的体制。

（3）收入支持为主，价格支持为辅的纠偏阶段（2003—2006）

2003 年，欧盟农业支持政策重心进一步偏移。主要内容是强化与生产直接相关的补贴，调整为以增加农民的收入为主。欧盟在调整价格政策的同时，还采取了对生产者直接支付的举措。为了控制农业的生产规模，在政策上压缩了耕地面积，减少了15%的粮食种植面积，对于被冻结的土地造成的农民受益减少，采取休耕补贴的方式予以补偿。补偿的方法是以不同地区单位面积的生产能力为基础，然后汇总休耕面积，定量补偿。在农产品价格干预上大幅度降低政策的干预力度，实现了 3 年时间粮食价格降低29%的效果，这基本上使欧盟的粮食价格接近了国际市场价格。另外，为了开发利用山区资源，政策对35～45 岁的青年人到山区和基础条件差的区域进行农业开发项目，在政策上给予支持与补贴，以补贴鼓励农民拓展农业种植面积。同时，新的农业支持政策对农民实行差异化补贴，针对农民对农业的投入程度、产品质量、环境保护不同的努力结果，给予不同标准的支持补贴。

这一系列的改革促使大部分的农产品价格水平接近国际市场价格，而且也对环境保护、公共健康和动物福利条件起到了较大的促进作用。

（4）重视脱钩收入补贴与生态环境补贴并重阶段（2007—2014）

根据农业发展状况，欧盟于2008—2009 年废除了“强制休耕”政策。2011 年，欧盟制定了农业改革方案，旨在增加农业机构的引导力，应对世界气候变化、生态环境恶化以及农村和农业的新挑战。此外，欧盟还将在2014—2020 年继续加大农业的支持力度，创造新的政策。主要是加大对农业生产、农产品销售、生态休耕的支持力度。同时改变以往的做法，加大对有机农业的补助。

2.1.1.2 美国国家粮食生产支持政策的演变

美国是世界农业大国，农业科学技术领先，农作物产量和出口量一直居于世界前列。美国政府对本国的粮食支持政策非常重视，主要体现在对农业的重视和对农民收入的保护上。美国的粮食支持政策历史悠久，经验比较成熟，研究其农业支持政策演变的轨迹有利于从中得到启示。从纵向上划分，美国的农业支持政策也分为几个主要阶段：

（1）农产品价格支持阶段

1933 年，美国还处于经济大萧条末期。整体经济处于低潮时期，农民收入低下，社会提供的就业机会较少，非农就业不足，在农业经济领域，农业生产方式还比较落后，农场的规模比较小，农业生产总体水平较低，农业产品主要销往国内市场。在这样大环境因素的影响下，为了促进农业发展，美国政府出台《农业调整法》，其中心内容便是加大农业价格指导力度，以增加农民收入。其后直到 20 世纪 60 年代，美国政府根据农业发展变化，出台了几部农业法案，但是其基本目标导向并没有发生实质性的变化。

（2）减少价格支持同时采取收入支持阶段

1945 年以后，随着国民经济逐步好转，美国农业发展仍然存在短板。一是农场数量不多，农业与工业的比重仍然处于劣势。随着农业科技的发展，美国的农业机械化水平不断提高，农业生产力水平逐步体现。产量增加快，农产品开始出现剩余。因此 1965 年美国又制定了《食品和农业法案》，中心内容是进行产量控制，减少价格支持，对农业支持重点转变为收入支持，以维持农民的正常收入。

（3）鼓励农产品自主生产阶段

到了 20 世纪八九十年代，美国农业发展水平提升较多，为了适应新的形势，美国政府适时出台了《农业安全法案》和《食品与农业贸易保护法案》，这两部农业法案主要是体现市场的引导作用。鼓励农民在市场上出售自己的产品，而不是完全依靠市场。同时扩大农民生产的自主权，农民种什么，不种什么由农民自己根据市场决定。在这一政策的影响下，美国的农业逐渐形成了以市场为导向的生产方式，这为美国农业占领国际市场提供了基础。

（4）脱钩补贴支持政策阶段

1996 年美国政府出台《联邦农业促进与改革法案》，该法案的一个突出亮点就是“脱钩补贴”。该法案取消了自 1933 年以来实行的粮食价格保护政策，将粮食价格的确定推向市场，同时补贴措施更加注重灵活性，加大了对土地休耕和自然灾害的补贴力度，

对农民进行直接补贴。在该法案的引导之下，美国粮食生产逐渐摆脱了对价格保护政策的依赖，充分走向市场。由于法案不再限制农民的耕种面积，加大了对市场机制的引导作用。这样一方面可以降低政府的财政压力，另一方面也可以提高农民收入。当然美国政府对粮食生产补贴的下降只是相对的，并不意味着补贴力度的绝对降低。

2002 年，美国政府又出台《农业保护和农村投资法案》，该法案对美国的粮食生产补贴手段再次创新，达到了新的高度。如进一步扩大补贴范围，使用“反周期”支付方式，增加农业信贷方式和贷款差额支付方式等手段。带有标志性特点的就是对过去一些农产品计划的临时性补贴永久化。

6 年后，美国出台《食物、环境保育与能源法》。在“农产品计划”方面该法案延续“直接补贴”和“反周期补贴”的补贴思路；“销售贷款补贴”方面只对计划内种植作物的“贷款率”或农产品目标价格作了少许调整。另外，该法案为种植大豆、油料和花生的农户提供“营销贷款补贴”，提升油料作物的竞争力。同时该法案规定：农户拥有完全自主的种植权，但是如果享受联邦政府的直接支付补贴和反周期支付补贴，则对水果和蔬菜的种植附加有一定的限制。同时规定：直接补贴和反周期补贴农田只能从事农业生产并遵守环境保育和湿地保护的相关规定。为了鼓励农业规模化发展，2008 年《农业法》规定，只有基期种植面积在 10 英亩及以上的农场才能享受补贴政策。

（5）现阶段美国的粮食支持政策

美国经济尤其是农业经济自 2008 年金融危机后，面临着诸多不利因素。一是在危机的影响下，农业预算受到冲击。美国本身就是世界第一财政赤字大国，在其他预算不能解决的因素下，面临如何提升农业发展的巨大困境。二是在此大环境因素的制约下，有效利用财政收入，进一步提升

美国农业实力和创新美国农业政策成为亟须解决的难题。

随着2014年的新法案——《食物、农场及就业法案》的出台，相比以往的粮食支持政策，该法案有较大的删改。整体来说有以下几个特点：一是在政策目的设计上注重对农户经营风险的考量。二是在具体法案中加入农户保险的考虑。三是该法案体现了农业可持续发展理念，注重环境保护。四是加大了对以往方案中粮食价格和补贴政策的改革力度。

总的来说，美国的粮食支持政策体现了国家能够根据不同的经济形势和国际形势适时调整国家农业发展法案，不管法案如何改变，都始终坚持保护美国的粮食发展能力，保护美国自身的利益。经过80多年的政策演变，目前美国的粮食支持政策体系已较为完善。在保护国内农业生产、促进粮食出口以及保护农民利益方面均起到了很好的作用。支撑这个补贴政策体系运作的，是美国强大的经济实力和高额的财政拨款，这些政策也基本达到了预定的目标。

2.1.1.3 欧美国家粮食支持政策的启示

欧盟和美国的粮食支持政策的共同特性就是注重适时调整。随着本国经济以及世界农业发展的形势一同演变，同时都能够起到保护本国农业发展和提高农民收入的目的。

究其政策而言，有以下启示：一是在农业补贴政策改革中，注意WTO规则政策的约束和农业市场化的发展引导。农业补贴政策逐渐从“黄箱政策”转向“绿箱政策”。二是农业支持政策改革的综合性逐渐增强。农业补贴政策从单一的生产补贴逐渐转向产前、产中和产后的一系列环节。同时加大对科技支农和职业农民培训的政策支持力度。通过立体化的政策体系来提升农业的综合竞争能力。三是欧美的农业支持政策，非常关注农业发展的可持续性，不断改进的目的是进一步保护农业生态功能，释放农业红利。在现阶段的农业政策上，这一点更加突出，在环境保护和耕地休眠的补贴逐步加大的同时，对支付方式和幅度都有具体量化的措施。最重要的是加大对农民保护生态环境的激励机制建设，将保护生态安全和农业补贴更加具体地体现在法案当中。

2.1.2 日本粮食生产支持政策

相对于美国、欧盟等发达国家，日本自身的粮食生产条件较为特殊。首先是国土面积小，适合农业耕种环境不利。例如，日本国土大多耕地为山地或半山地形态；其次，日本的人口密度较大，人口分布集中度高，粮食安全问题比较迫切。受这两个问题的限制，日本的粮食长期以来都依赖进口，但作为岛国的地理劣势导致其必须保证稳定的外部环境以支持国内粮食供给。综合以上因素，日本对于国内的粮食生产支持政策就产生了一个明显的特点：补贴力度极大。

2.1.2.1 粮食生产支持政策演进

（1）投入支持转为收入支持阶段

随着第二次世界大战的结束，1945—1955 年，是日本政府农业发展的恢复时期。进入 20 世纪 60 年代后，日本农业支持政策从《农业基本法》的制定中逐渐体现出来，后来在 1978 年，该法案在配套诸多法规后形成了较为完善的农业生产支持系统。这其中就有粮食价格支持、农业投入支持等。日本的"价格支持包括成本与收益补偿制度、最低保护价格制度、价格差额支付制度等。生产投入支持分为生产直接补贴政策和间接补贴政策"①。

直接补贴政策主要面向农田水利、农机装备、耕地改良以及农业生产的各个环节。补贴措施和标准都有清晰的规定。间接补贴主要是在农业生产的辅助方面，如农业贷款。随着投入支持政策和收入支持政策的实施，日本农业在 20 世纪七八十年代获得较大发展。

20 世纪 90 年代以后，日本的农业支持政策受到加入 WTO 的影响较大。粮食收入补贴政策受"黄箱"和"绿箱"政策的影响，由粮食生产逐渐转向农民收入补贴，并且补助额度逐年加大。

（2）精准补贴阶段

日本政府从 1999 年开始，在粮食支持政策中实施具有特色的政策——

---

① 何安华，陈洁．日本保障粮食供给的战略及政策措施［J］．现代日本经济，2014，197（5）：64－74．

精准补贴。为了提高农民种粮的积极性，政府在粮食补贴政策中不断优化补贴政策，实行“精准补贴”政策。在粮食补贴对象中，加强支持和扶持农业生产大户、生产强户，重点培养“农业经营对象”，使他们在粮食生产中承担重担。此后日本政府不断根据粮食生产出现的新情况完善粮食生产支持政策。2000 年颁布《针对山区、半山区的直接收入支付制度》支持政策，目的是针对山区和半山区的农民实施加强版的支持政策。主要内容有：一是针对特定农户，住在山区、半山区的农民，主要是改善他们种粮成本高、收益低的现状。二是提高补贴标准，补贴标准大大高于平原地区的农户。三是引导这些农户朝科技创新和绿色农业的方向发展，明确规定因科技创新或实施绿色农业导致农业收入减低的农户，政府将以奖励的方式予以补贴。通过粮食精准补贴政策的实施，有效提高粮农的种粮积极性。

2.1.2.2 其他支持政策

（1）鼓励规模经营，促进土地流转

从日本的农业环境来说，日本发展农业存在诸多不利因素。日本同我国一样，人多地少的矛盾非常突出，为了提高农民经营效率，发展适度规模农业，日本政府从 20 世纪 60 年代开始探索农业规模经营的路子，出台相关政策，鼓励农民规模经营。主要做法是鼓励农户出租或出卖土地，鼓励农地向“农业认定生产者”集中等。这一政策对日本农业规模性经营起到了很大的作用。

（2）多样化的粮食进口政策

自从加入 WTO 后，日本除继续保护本国粮食生产之外，还把进口粮食作为保障粮食供应的重要措施和途径。一是和美国建立良好的合作贸易合作模式，作为粮食主要的进口途径。二是持续加强对世界粮食市场信息的监视，及时关注粮食出口国的粮食产量变动和进出口信息。因此在粮食贸易中，除了同美国保持合作，日本同世界其他产粮大国也保持着密切的粮食贸易关系，进而防止世界粮食价格波动对本国粮食安全供给的冲击。所以，日本在粮食政策中非常注重粮食进口多样化。日本有时甚至一年内从208个国家和地区进口农产品。同时，为了稳定域外粮源的问题，日本非常注重与粮食输出国的联系，建立相对稳定的粮食贸易关系，签署粮食的贸易协定。对于发展中国家，日本除了加强粮食贸易合作，还为发展中国家的农业技术和金融提供支持，以保证获得充足的粮食资源。

（3）积极实施多角度的海外农业战略

日本由于国土面积狭小，宜农耕地比例较低，所以，日本政府积极实施多角度的海外农业战略。在实施海外农业的战略中，日本政府采取多元化、多角度的方式。其中“官民协力”的模式是其主要操作方式。一方面政府自身在发展对外关系中，注重对农业的援助；另一方面大力支持国内大型农业企业向海外投资。例如，2009年以日本政府的名义举办了海外农业投资促进会议，旨在推动日本的海外农业发展。其核心内容是：在海外建立粮库，加大海外储粮能力；对海外农业国家和港口以及必经国家的基础设施建设，增强供粮能力；鼓励民间企业与中南美、东亚、中亚国家的企业合作，加大农业开发能力。近几年日本政府进一步加大了海外农业投资与开发的力度，通过与其他国家在农业、外交、经济发展等多方机构联合进行多方位的海外农业开发，提升官民协力的海外农业效能。此外，日本政府还鼓励本国农业企业积极参与全球粮食供应网络，主要方式是国外当地人联营、订单生产和收购农业企业和设施。同时，为提升农业生存能力，日本凭借其雄厚的经济实力购买和租赁美洲、亚洲、欧洲和北美洲等多个国家的农场，大力进行海外扩张，拓展海外粮源，这一政策对保障粮食安全起到了重要的作用。

2.1.3　部分新兴国家粮食生产支持政策

作为金砖五国，中国、印度、巴西、南非及俄罗斯同属新兴经济国家，在世界经济贸易发展中也占有较重要的地位。然而受国情、农情和地域特征等影响，各国凸显了不同的农业发展支持政策。本节以印度和巴西两国为例，探讨两国在粮食生产支持政策中的有益经验。

2.1.3.1　印度的粮食支持政策演变与启示

印度人口众多，粮食也是印度政府非常关注的问题。自1947年至今，印度政府根据国内外农业发展的不断变化实施了符合国情具有印度特色的粮食生产支持政策。纵观印度粮食生产支持政策的变迁轨迹，印度的农业发展经历了1947—1965年的全面发展阶段、1966—1990年的绿色革命阶段、1991—2003年的市场化改革阶段和2004年至今的再次绿色革命阶段等4个阶段。从支持政策内涵上看有以下几种形式。

（1）农产品价格支持政策

印度出于自己的国情对粮食生产非常关注，并制定了较为详细的粮食生产支持政策。从实施对象上看，可分为生产者和消费者价格支持政策，两者均体现了印度政府对农产品的价格进行支持，并对不同类型的农产品价格实行差额补贴。在实施价格支持时政府分为三个步骤进行：首先由印度全国价格指导委员会根据农产品的供给与需求、价格比以及产品利润等因素，提出农产品建议最低收购价目；其次，在市场价低于最低收购价目时，政府根据最低收购价收购农产品，以保证农产品生产者获得一定的收益。按照政府规定，这一价格包含各种税费、运输和储藏等间接费用。最后，政府通过公共分配系统对不同收入人群采取不同的补贴办法。收入高的人群需要用较高的价格支持其消费费用，贫困人群则可以用较低的价格支付农产品消费费用。这样做的目的是能够保证不同收入人群都能得到较为充足的粮食供给。2002—2011年，随着市场的变化和居民收入水平的变化，政府对主要农产品的最低价格支持水平绝对量也进行了不同幅度的调整。（见表2－1）

表2－1　2002—2011年印度主要粮食最低支持价格

单位：INR/kg

年份	稻谷	玉米	小麦	大麦
2002	5.30	4.85	6.20	5.00
2003	5.50	5.05	6.30	5.25
2004	5.60	5.15	6.40	5.40
2005	5.70	5.40	6.50	5.50
2006	5.80	5.40	7.50	5.65

续表

年份	稻谷	玉米	小麦	大麦
2007	6.45	6.20	10.00	6.50
2008	8.50	8.40	10.80	6.80
2009	9.50	8.40	11.00	7.50
2010	10.00	8.80	11.20	7.80
2011	10.80	9.80	12.85	9.80

数据来源：Agricultural Statistics at Glance 2010；Agricultural Statistics at Glance 2011.

（2）农业投入品补贴政策

在 WTO 农业协议中，直接对“农业生产资料补贴”属于“黄箱”政策，因为这些支持会对生产和贸易产生价格扭曲作用，因此 WTO 成员国需要承诺逐步削减。但是印度政府对“非特定产品”的直接补贴在低于农业总产值 10% 的微量水平是被 WTO 规则接受的，因此这类补贴政策对印度来说不必削减。[①] 20 世纪 80 年代，印度政府对少部分农业生产的投资一直使用直接补贴的方法，并未引起纠纷，所以，这项政策成为印度政府一以贯之的农业补贴政策的内容。目前，印度政府对于农业的补贴主要集中在化肥、电力和灌溉等方面。近年来，印度政府增加了对农田水利基础设施建设与管护的支持力度，对提高印度农业灌溉用水的效率和促进印度农业生产的可持续发展大有裨益。

（3）农业一般服务支持政策

农业一般服务支持政策从作用对象上说是促进农业综合发展，提升农业生产能力的政策，所以，并不会对农产品价格造成扭曲，故属于 WTO《农业协定》中规定的“绿箱”政策。根据 OECD（经济发展合作组织）的分类方法，政府对农业公共产品及服务的补贴支出均被划分为农业一般服务支持项目，各国政府为提供农业公共产品和服务而对农业领域进行的公共性投入被纳入一般服务支持政策范畴。印度政府的一般服务支持项目主要集中在农业科研的开发、农业技术推广和农业基础设施建设与维护运

① 胡烨．印度农业补贴政策及对中国的启示[J]．南亚研究季刊，2014(2)：66－71.

行两方面。

从20世纪60年代“绿色革命”开始，印度政府注重农业科研开发和农业技术推广，建立从自上而下的垂直式一体化农业科技服务网络。在此后的多个五年计划中，政府用于农业科研和农业技术推广的经费高达国民生产总值的10%。1995年加入WTO后，印度政府对农业科学研究、科技投入非常重视。“在诸如良种培育、遗传工程、生物多样性技术等方面均取得长足的进步。”① 可见，印度农业的发展与农业生产增长的主要动力来源是农业科研和推广中的投资。进入21世纪后，政府实施“第二次绿色革命”工程和在农业领域大量使用现代农业科学技术，以促进农业生产能力和科技水平的提高。同时在农村普及互联网和信息技术提升印度农业信息化水平。同中国一样，印度政府在农村基础设施上加大投资和建设，力图减轻农民的负担，增加农业生产力水平，助推农民脱贫致富。

（4）印度农业补贴政策对我国的启示

近年来，印度对世界农业市场的影响越来越大，印度作为世界人口大国，在发展粮食政策中有许多可取之处。一方面印度通过农业补贴政策的制定和实施，有效保障了国家粮食安全。但是加重了政府财政负担。我们要积极借鉴印度有效的粮食政策，同时也要吸取印度的教训。

一是适度加大对农业的补贴支持力度。印度经验表明：粮食支持政策除了给农业经营者创设良好的发展环境，还应对农业财政资金进行有效实施和支持。我国粮食安全现在处于水土资源性短缺、自然环境恶劣、灾害频发的困境，成为我国农业可持续发展的主要限制因素之一。目前随着经济形势进入新常态，我国城镇化速度加快，必须在提高单位面积产能上下功夫，适度加大政府财政对农业的补贴支持力度。

二是要在提高农业补贴政策中较大资金补贴使用效益上做文章。在我国加入WTO以后，要注意用足“黄箱”政策，在综合国力不断增强的情况下，加大应用“绿箱”政策。目前我国“黄箱”政策的利用还有较大的

① 胡烨．印度农业补贴政策及对中国的启示[J]．南亚研究季刊，2014(2)：66－71.

空间应尽可能用足、用好。“绿箱”政策中属于无限制政策，不属于削减政策范围，随着我国经济水平的提高，进一步对农业进行“绿箱”支持，以增强农业活力，可以做很多文章。只是目前我国“绿箱”补贴的政策、结构和用途需要优化和完善。

三是目前以及今后我国农业发展的主要任务还是保障国家粮食安全以及解决农产品的供给问题。在具体粮食政策中要以价格支持政策为主导，发挥其“四两拨千斤”的作用。通过价格支持政策实施来激励农业生产，切实保护农民利益，有效保障我国农产品市场的流通安全。此外，还要汲取印度的经验，尽量选择效率高的价格支持方式，减少政府的多重政策影响市场的调节作用。

四是加大财政支农力度，尤其是农业一般服务支持的投入力度。通过印度粮食支持政策的分析，我们得出：重视农业一般服务是其发展农业政策的重点所在，会对农业生产、农民增收、农村发展起到积极作用，一般会与政府对农业的补贴形成良好的循环状态，可以有效减少农业补贴对市场价格的扭曲和国际交易纠纷的产生。因此我国要持续加大财政对于农业一般服务支持政策范围内项目的投入力度，改善农村地区基础设施建设、强化农业科学研究、构建农业技术推广网络、提高农民生产技能、拓宽农产品外销市场等。

2.1.3.2 巴西的粮食生产支持政策

(1) 巴西的粮食支持政策演变过程

巴西属于新兴发展中国家之一，其粮食支持政策体现了逐渐向市场化调整的特征。19 世纪 50 年代，巴西由于粮食产量较低导致粮食供应较为紧张，因此这一时期的粮食政策重心就是对粮食流通的管制，这里贯彻的是国家意思。到 20 世纪 70 年代，巴西政府对粮食等主要农产品加强了控制力度，对粮食等农产品几乎全部实施政策控制。1985 年以来，随着巴西经济社会的发展，以土地为核心的农业资源也得到逐步开发，农业投入不断增加，粮食产量逐年增长，在这种情况下，巴西政府实施多年的粮食管制政策逐渐削弱。而后，巴西政府实施了粮食市场开放政策，随着这一政策的实施，巴西政府的粮食政策转变为类似于我国的“最低价保护收购”政策——实行政府托底式收购的粮食价格支持政策，即当市场粮食价格波动底线低于政府制定的当年最低收购价时，政府就按照公布的价格收购农民需要出售的粮食，以保障农民种粮的基本收益。[①] 随着在1995年加入WTO，巴西的粮食市场逐步放开，粮食的销售渠道逐渐多元化。粮食收购可以由购销公司、农民合作社、购销公司和农民合作社委托代理出售其产品粮食市场形成多元化的结构。这样，巴西的粮食市场体系建设逐渐完善，国内粮食贸易主要靠粮食批发市场或期货市场来完成。由于巴西是WTO成员国，受WTO规则的约束，巴西对价格支持政策也为了适应规则不断修订完善，并将政策重点放在了构建系统的粮食保护机制和和政策调节系统。

（2）巴西粮食生产支持政策体系

21世纪之后，巴西国内粮食支持政策体现出多元化的特征。除以价格支持政策为主体外，还有信贷政策、农业保险政策等。这主要是为支持农业发展，增加农民收入，提升农业综合竞争力，保障粮食安全。

巴西的粮食价格支持政策主要是“产品出售计划”和“期权合约补贴政策”。这两种新支持政策可以减轻政府直接购买时的库存费用压力，同时在一定程度上也稳定了农民收入，在粮食储藏上，也减少了政府粮食储备的成本，这一点对我国来讲很有意义。

巴西信贷政策体现政府支农的金融支持，也发挥了很好的作用。信贷政策的目的就是为农业发展提供资金帮助，植入农业生产活力。具体做法是：依据上一年的收成以及土地规模，尤其是会根据土地经营规模的大小进行支持。一般大、中、小农户会得到55%、70%和100%的资金力度，这体现了农业规模收益的特征。此外，在信贷政策中，对商业银行面向农业的信贷做出了较为严格的规定：商业银行必须拿出贷款资金的25%资助

① 范立新，陈金玉．巴西、墨西哥粮食市场政策对我国的启示[J]．农村·农业·农民，2005(5)：15－16.

农业发展。信贷资金政策实施为农业和粮食生产注入巨大的资金活力。可以说信贷资金为发展农业，促进农村经济发展奠定了坚实的资金基础。

农业保险政策是巴西粮食支持政策的重要组成部分。目前一般在经济条件较好的地区实施。农业保险政策也比较有特色，由其联邦中央银行负责，并制定具体操作的规范。其他银行实施代理制——只能作为中央银行的代理，不具有独立实施农业保险政策的权力。保险类别主要从农业种植的备耕、种植、管理和销售等 4 个阶段进行保险。农业保险政策的实施，有效降低了农业生产风险，对农业发展十分有利。

此外，巴西政府还通过利用区域比较优势，对粮食种植结构进行调整，发展出口导向型农业，通过农业科技投入，实施大豆品种改良，研究培育出了适合在赤道地区生长的 16 个新品种。

巴西政府的粮食支持政策呈现出的多样化对促进国内粮食产量、保护本国粮食市场，提高农民种粮积极性具有重要的引领作用。

（3）对我国粮食政策发展的启示

巴西虽然农业总水平较低，但是其在发展农业和粮食支持政策方面具有鲜明的特色。例如，重视小型农户发展政策和信贷政策对于同属于农业大国的中国发展农业具有很好的借鉴价值。

一是把粮食价格补贴逐步转向金融支持。巴西农业政策最大的特点就是由价格补贴转向金融支持和信贷政策，其农业发展中，巴西政府对生产各个环节均会提供资金和信贷支持，这一政策实施对提高农民的生产积极性起到了重要的助推作用。我国在粮食补贴政策中，要借鉴巴西的经验，适时调整思路，改变产量支持为生产环节的信贷支持。例如，对农民提供种子信贷、生产信贷、农业销售信贷等。国家对支农补贴方式可以从源头的投入上来支持，国家可以根据上一年的产量和土地情况作出信贷支持的调整。根据巴西的经验，对农业生产各个环节或者直接对农民的金融支持比价格直接补贴具有更大的激励作用，对提高粮食产量会起到更好的效果。

二是针对不同的经营农户实施有区别的信贷支持政策。我国目前的金融支农政策倾向于经营大户，一些小型农户缺乏获得支持的机会。我国粮食生产和粮食安全的任务虽然主要依赖于粮食主产区和经营大户，但是从现阶段来看，小型农户依然是我国农业经营体系中的主体。以此可借鉴巴西政府的农业政策，对我国农业经营种植的土地规模进行分类，例如，目前的农业种植经营大户、经营种植散户、小户一样有所区别。因此，可以针对农业经营中的收入和家庭耕地面积的不同程度提供不同的资金支持和信贷支持。尤其是要保证农业经营小户者的利益，且贷款金额、利息相对于大户有更大的优惠力度，这样实际上也可以逐渐优化农业经营主体。

三是加大农业科技推广和咨询服务力度。巴西政府十分重视农业科技的推广和农业服务体系建设。在农业政策中，除为农业发展提供金融支持和信贷支持外，巴西更重视农业技术的开发、推广和应用，可以说巴西的农业技术推广和服务呈现体系化建设。巴西政府为农业生产的各个环节提供专项培训服务，要求农业生产者掌握现代农业技术。此外针对金融贷款，巴西政府也有专项咨询服务，以使更多的农户能够申请信贷服务。

结合我国目前的农村政策来看，已经形成了多元的农业特别是粮食产业的支持政策，但是农业技术推广和农业金融服务还有待加强。这就要求我们在制定粮食政策中，进一步深入研究农业所需和掣肘农业发展的主要矛盾，在金融政策上，能够制定适合我国国情的农业信贷政策。在农业技术推广方面，要研究市场体制下的农业技术推广体系，使农业政策从中央到农村能够落地生根。我们一直在讲农民职业化，这就要借鉴国外的有益经验，加大对农民的培养工作，尽快使身份农民转变为职业农民，这也许是促进我国农业长期发展的重要政策。

2.2 我国粮食支持政策实践与演进

粮食问题是关系我国国民经济发展、社会稳定的重大战略问题，也是我国一直紧抓不放的问题。根据不同时期的社会经济发展状况，我国政府为加强粮食产业的健康稳定发展，切实保障我国长期稳定的粮食安全问题，不断加强粮食的宏观调控，在不同时期采取一系列粮食支持的政策。

2.2.1　我国粮食生产支持政策的历史演变

为了适应不同时期的发展状况，从国家经济发展水平出发，制定与时代相适应的发展目标，中国粮食发展支持政策不断因时、因情进行改革。我国粮食的生产和流通政策基本上可以划分为以下几个阶段。

2.2.1.1　传统计划体制阶段的粮食政策（1953—1978）

新中国成立后，我国国民经济基础比较薄弱，亟须恢复经济和发展工业，尽快建立工业体系，所以，在主导思想上突出农业生产为工业服务的思路，这一时期粮食生产支持政策比较单一，基本没有粮食生产直接补贴，粮食生产支持政策基本是以三种方式体现：首先，改善农业生产基础设施条件，通过兴修水利、农田标准化、拓荒垦田等方式，建设粮食生产基础设施，改善粮食生产基本条件；其次，补贴粮食生产所需的生产资料，通过对粮食生产的基础资料进行补贴和价格干预，弥补政府人为压低粮食价格对粮食生产者带来的不利影响；最后，对粮食实行“统购统销”的方式来保证粮食的基本供给，在这一过程中，农民牺牲了比较多的利益，但是，这是由我国当时所处的国内和国际环境决定的，这一阶段的粮食政策为恢复国民经济和工业化初期的原始积累奠定了良好基础，农业大型水利的建设也为农业以后的发展提供了条件。

2.2.1.2　改革开放初期的粮食流通和消费补贴政策（1979—1993）

1978 年，我国开始实行改革开放政策，而我国农村的改革开放是从安徽省凤阳县农户自觉实行的“包产到户”开始的。在此期间，国家逐步推行的家庭联产承包责任制有效调动了农民的生产积极性，粮食产量稳步增长，农民收入明显提高，人民生活得到极大改善。这一时期国家粮食生产支持政策开始由计划经济体制时代的政府管控逐渐向市场调控转变。20 世纪 80 年代中后期，国家通过“减价提购”“双轨价格制度”进一步通过商品市场交易来提高粮食收购价格，粮食购销政策逐步迈向市场化。1990 年开始对粮食实行“最低保护价制度”和“粮食专项储备制度”①。这一时期，粮食市场价格逐年提高，国家粮食补贴政策主要用于购销之间的差价和粮食经营费用。补贴政策的受益者则主要是城镇居民。因此从本阶段来看，粮食政策的核心在于重建粮食外部交易市场，补贴的重点在于粮食的流通和消费，对粮食生产者则关注较少。但是，由于期间耕地经营制度的变化，其所产生的政策红利有一定的延续性，所以，农民的产粮积极性并未受到很大的摧残。

2.2.1.3 市场体制下的粮食收购和流通并重的政策（1994—2004）

随着粮食统销制度取消和分税财政制度的建立，国家逐步放开粮食市场。在这一阶段我国粮食产量出现波动，由于此期间国家改革的重心向城市和工业改革转移，再加上自然灾害的影响，我国粮食产量徘徊不前甚至出现了连年降低的情况（见表2－2）。为了进一步调动农民的种粮积极性和切实保护农民利益，减小粮食产量连年下降的风险，国家出台“粮食最低保护价收购政策”、设立“粮食风险基金”以及配套措施，主要是为缓解财政压力，主要受益者是粮食的流通和生产部门，农民直接受益不是十分显著。总的来说，也许是此前曾经出现过“卖粮难”现象，国家放松了粮食生产需要持续支持这根弦，这一阶段粮食支持政策的作用不是十分突出，对农民种粮的积极性调动不大，甚至加大了城乡发展的差距，出现了“农村真穷，农民真苦，农业真危险”的呼声，粮食产量在此10年间，没有明显提升，国有粮食经营企业依然缺乏活力。

表2－2　1993—2004年中国粮食产量统计

年份	粮食产量（万吨）	增长率（%）
1993	45649	3.12
1994	44510	－2.50
1995	46662	4.83
1996	50454	8.13

① 孙立刚．关于粮食补贴方式改革的研究[J]．调研世界，2002(11)：21－23.

续表

年份	粮食产量（万吨）	增长率（%）
1997	49417	-2.06
1998	51230	3.67
1999	50839	-0.76
2000	46218	-9.09
2001	45262	-2.07
2002	45711	0.99
2003	43067	-5.78
2004	46947	9.01

资料来源：历年中国统计年鉴。

2.2.1.4　实施普惠制的直接补贴政策（2005 年至今）

2004 年，为增强农业活力，我国连续以“一号文件”的形式关注农业发展。在粮食市场上，全面放开粮食收购和销售市场，实施购销多元化经营，在财力支持上，加大财政支农力度的改革，并将财政支持重点由粮食流通环节补贴转为对农民直接收入补贴、粮食生产支持和收购、价格支持等多方面的粮食支持政策体系。其中粮食生产者补贴包含“直接补贴、良种补贴、农机具补贴、农业生产资料”4 种补贴。2005 年和2006 年分别实行对产粮大县奖励补贴和农资综合补贴政策。其中的粮食直接补贴直接面向农民，对调动产粮起到了积极的作用。良种补贴、生产资料补贴、农机具补贴对农民提高生产质量、提升粮食品质、降低农业生产成本起到了更好的引导和支持作用。此外，对农民使用新型农具和机械化生产以及规模化经营也提供了一定的支持。

2.2.2　我国现有粮食生产支持政策

2.2.2.1　耕地保护政策

我国耕地资源比较稀缺，人均耕地仅仅 1.2 亩，远远低于 4.8 亩的世界平均水平。尤其是我国正处在快速工业化和城镇化发展阶段，土地资源型约束显得更加严重。为保证我国有足够的耕地面积，保证粮食安全，我国一直实施着最为严格的耕地保护政策。主要体现在：各级人民政府对所辖区域的农业耕地负有保护责任，在进行土地使用规划时要对基本农田做出专门规划，任何部门未经批准，不得侵占。确因进行城镇化和工业化发展需要占用农业用地者，实行严格的审批制度。并且规定对批准占用的基本农田，实施严格的占补平衡制度，即确因需要占用农田，占用单位必须开垦同样数量的土地补充基本农田数量。同时，要求充分利用农田地力的生产功能，禁止撂荒、闲置或挪作他用，更不能改变农业用地的性质，甚至对土地规模化经营的生产用房建设都有严格的比例限制。明确规定各级人民政府是农业耕地保护的第一责任人，对各级人民政府建立基本农田保护考核制度，敦促其履行职责，不仅要保护好基本农田的数量，也要保证耕地免于污染等质量要求。

近些年，针对我国大量农村富余劳动力转移到城市出现的农村土地撂荒现象，国家适时推出了在保证家庭承包责任制核心内容不变的前提下，鼓励农村耕地使用权流转，并对农村土地进行确权，以保证家庭承包经营的性质和便于农业的规模化经营，这在 2009 年、2010 年、2012 年和 2013 年连续四年中央“一号文件”中都有比较详细的描述。对于领导干部，落实耕地和基本农田保护领导干部离任审计制度，对领导干部执行土地保护政策情况进行监督。2014 年，国土资源部把保护耕地作为土地管理的首要任务，坚持“耕地数量质量并重”的原则。在土地资源的数量保证和质量提升上，统筹安排土地整理复垦开发，加大中低产田改造，实行高标准农田建设。虽然第二次全国土地调查数据显示我国的耕地面积有所增加，但是耕地质量有所下降，同时土地环境保护压力较大。因此我国人多地少的耕地形势依然没有改变，粮食安全的态势依然比较严峻，耕地保护任重道远。

2.2.2.2 粮食补贴政策

为了鼓励国内粮食生产，增加粮食产量，保证中国人饭碗里端的一定是中国生产的粮食，并借鉴世界各国粮食生产支持政策的做法，我国从 2004 年开始实施粮食生产直接补贴的政策，并不断完善，扩大补贴力度和幅度。目前，我国的粮食补贴政策具体包括以下“四补贴”：

（1）种粮直接补贴。即国家财政根据各个地区的实际情况制定合适的补贴标准，并根据粮食生产者的实际粮食种植面积对其进行直接经济补贴，以期通过这一手段增加粮食生产者的收入、维持粮食生产者的种粮热情。粮食直补政策由其诞生之初的区域性试点演变为今天的全面开展，实行粮食直补政策的范围已经扩展到全国29个省份和地区。

（2）良种补贴。为了实施农业良种化工程，提升粮食产品质量，在粮食生产支持政策中专门列出了良种种植补贴政策。这一政策主要面对特定区域种植优质粮食作物的农户的资金补贴。实施的目的在于鼓励农民使用优良品种进行生产，从而提高优良作物品种的播种率，扩大优良品种的种植范围，通过长期地实行从而在根本上提升作物的质量，形成区域性种植特色优势。良种补贴政策开始于2002年，目前受到补贴的品种已经由最早的少数几种作物扩展到小麦、玉米、水稻、棉花、油菜、马铃薯、青稞、花生等主要农作物，补贴区域也已包含全国主要粮油产区。

（3）大型农机购置补贴。农业的根本出路在于机械化。为了提高农业作业效率，减少农民劳作辛苦，同时适应大规模的农业生产，调动农业经营组织和种粮大户从事粮食生产的积极性，我国对于农业经营组织和个人购置大型农机具实施政策补贴制度。农业机械购置补贴是指“中央财政和地方财政为农民和农业生产经营组织购买国家支持推广的先进适用的农业机械给予的补贴”①。这一政策的实施极大地调动了粮食生产者对于购置和更新农业机械用具的热情，减轻了农民更新生产用具的经济负担，加速了农业机械化进程，提高了粮食生产能力，同时，也大大缩短了我国农业生产水平与发达国家的差距。

（4）农资综合直接补贴。随着我国市场经济的发展，各项农业生产资料的价格波动越来越明显，该补贴政策主要考虑与粮食生产直接相关的各项生产成本变动，以农民耕种面积为依据，通过直接进行资金补贴的方

① 宋英．解读“购机补贴政策”及“两个目录”[J]．农业机械，2006(4)：48－50.

式，对冲生产物资价格上涨对农民产生的影响。农资综合补贴主要是由政府对种粮农民在使用柴油、化肥、农膜等农业生产资料价格变化时给予的补贴。该政策实施以来，各地已根据自身不同的物价上涨幅度多次调整这一补贴标准，并且对提高农民种粮积极性，促进粮食增产起到了重要作用。

中央从2004年起连续多年以“一号文件”的形式加大对“三农”问题的关注力度，所采取的粮食生产补贴政策也在逐步扩大，补贴类型和方式呈现出多元化的特点。2004—2014年我国粮食生产财政补贴在2004—2007年补贴额度逐年递增，2007年以后维持在151亿元。（见图2－1）

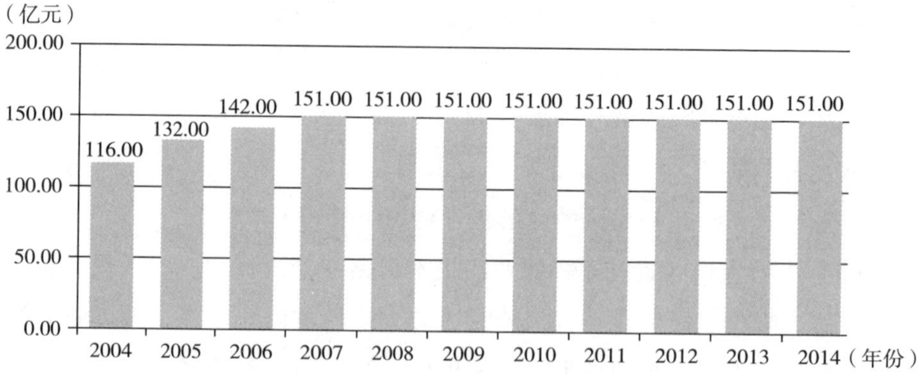

图2－1　2004—2014年粮食补贴

资料来源：wind资讯。

为了推进农业经营主体创新，促进农业规模化发展，从2015年财政部和农业部对“农作物良种补贴、种粮农民直接补贴和农资综合补贴”三项农业补贴政策进行改革。从原先的普惠制补贴逐渐转为精准化补贴。三项补贴主要面向种植大户和真正的土地经营者。主要包括种粮大户、家庭农场、土地股份合作社、农民合作社、农业社会化服务组织、龙头企业等新型农业微观组织形式。

2.2.2.3　粮价保护政策

我国实施粮食最低收购价政策，它是在粮食市场价格低迷时，保护农民切身利益的一种举措，起到保护农民种粮积极性的作用。目前我国实行的是市场经济制度，因而粮食价格受到多种因素的影响会在市场上呈现出波动的趋势。当粮食价格过低时，就会损害种粮农民的经济利益，降低其对于粮食生产的积极性，从而危害国家的粮食安全。为此，我国从2004年开始，采取宏观调控的手段，实施一系列粮食最低收购价政策，在粮食价格低于一定水平时，委托具有相关资质的粮食企业按照最低收购价对粮食进行收购，保证种粮农民的经济利益不受损失，维护农民粮食生产积极性。该政策同其他补贴政策一样，是国家"工业反哺农业"战略的具体表现。同时，最低粮食收购价会根据粮食生产成本和市场供需变化进行适时调整，以使种粮农民获得基本的种粮收益。例如，从2006年开始，国家逐步调高粮食最低收购价，"稻谷每50公斤由6年前的70元抽调到102元，6年提高了29%，小麦最低收购价则上调了42%"①。这样，一方面，农民从国家的最低收购价中得到了实惠，另一方面，也为满足国家粮食安全供给提供了条件。

国家实施粮价保护政策主要是基于粮食市场流通的需要，更重要的是粮价政策在我国粮食稳产增产、维护农民利益、保障我国粮食安全中具有重要的作用；对于托举粮食市场，引导粮食价格的合理涨落具有很好的调节功能。

目前我国粮价高于国外粮价，主要原因是由于"中国农业自身竞争力不足，政府保护政策使粮价不断走高，国际粮价下跌以及货运和汇率问题造成"② 的。

最近国际三大主粮粮价逐年下跌，中国粮价反而持续高涨，导致国家不断提高临时收储价格和最低收购价，这也是我国目前粮价上升的主要原因。如此下去，可能会对我国粮食市场造成负面影响，同时也会加重国家的财政负担。在政策改革的思路上，应该从直接补贴为主的思路转变为农

---

① 保护粮价慰粮农．[EB/OL]．中国广播网，http://zgxczs. cnr. cn/xczt/hnze/hnze/201211/t20121108_511322026. shtml.

② 农业保护政策致价涨，粮价改革将与补贴分开．[EB/OL]．财华社，http://stock. qq. com/a/20151105/018929. htm.

业生产方式的改变，规模化经营以及创造条件使我国粮食积极参与世界市场竞争，才是一个使我国粮食生产持续稳定并不断壮大的基本策略。

2.2.2.4 农村发展支持政策

到目前为止，我国农村是否能够较快发展仍然是判断我国改革开放成效的标准之一。从2004年开始，中央连续12年颁布“一号文件”，关注“三农”，支持农村发展，这足以看出农村在我国发展中的地位。我国目前正在实施的“精准扶贫”就是农村发展支持政策的重要体现，这涉及我国能否在2020年全面建设小康社会的大问题。从2004年以来的中央“一号文件”和有关部委发布农村发展支持政策来看，主要体现在十大方面：一是加大农村基础设施建设，提升农村公共服务水平。二是建立新型农村合作医疗可持续筹资机制，推进农村人民健康事业发展；三是从实际出发，实施美丽乡村建设工程，改善村容村貌，重点解决农村道路、交通、自来水等民生工程，同时也要注意加强对传统农村的保护；四是引导和鼓励社会资本投向农村基础设施建设，推进农村基础设施改善。五是在完善农村基本经营制度的同时加快推进新型农业经营体系建设，创新和规范土地流转，实现土地适度规模经营，建立新型农业经营体系；六是加大对农业补贴的改革力度，向新型农业经营主体倾斜，优化农业微观经营组织形式；七是完善对粮食高产大县的奖励制度，促进农业区域化发展，推行农业标准化生产支持政策。八是培育新型职业农民，培养农村实用人才政策。九是扶持家庭农场发展政策。加大资金支农和信贷政策的优惠力度。十是，2015年，除继续实行已有的扶持政策外，国家还鼓励发展多种形式适度规模经营政策。对有条件的地方，可对流转土地给予奖补。

2.2.2.5 财政金融支持政策

近几年，国家有关部委通过出台财政金融政策继续加大支农、惠农力度。

（1）税收支持政策

财政部、国税总局延续并完善支持农村金融发展有关政策。具体包含三个方面：第一，针对商业银行及其他农村金融机构，对农户的小额贷款利息免征营业税。对应纳税额也给予优惠，只计算总额的 90%。第二，针对保险公司，对农村种植、养殖的农户提供保险纳税的优惠。在保险公司保费收入中，按照应纳税总额的 90% 计算。通过税收优惠政策的确减轻了农民的资金负担。

（2）农业部出台的金融支农政策

农业部产业政策与法规司在 2015 年出台了金融支持农业的有关政策，包括农村改革、现代农业、促农民增收等问题。其中“金融支持农业规模化生产与集约化经营”是政策的基本导向。其目的是通过金融的支持，使农业经营方式，特别是农业经营组织形式朝着规模化生产和集约化经营的方向发展。主要措施表现在 7 个方面：一是对各类农业规模经营主体进行信用评估，根据其金融承担能力实施相对的金融支持。二是集聚经营组织，使规模较小的农业企业，通过兼并、重组、收购、控股等方式进行组建，形成较大的功能齐全、抵御风险能力强的农业企业龙头公司，满足农业规模经营主体大额资金需求。三是对地方核心农企和农户提供定向式供应链融资产品。主要是围绕地方特色农业企业龙头，结合上下游的关联企业以及其他新型经营组织，开发推广有专项针对性适合新的农业经营组织形式的多种融资产品。四是赋予农地承包经营权新的功能，探索以农村土地承包经营权作为抵押品进行农业生产融资的路子，支持金融企业研发以农地承包经营权作为抵押的金融产品，这样就使农业规模经营主体的发展有了资金保证。五是资助发展现代农业产业项目。重点支持农业科技，农业经营手段，农业经营形式，农业新型机械等现代农业项目。六是重点支持农业基地的发展，特别是农业耕地质量提升，农业水利基础设施改造和农村民生工程建设等。七是在农产品流通领域，注重农业市场建设，农业信息工程，农业物流运输以及仓储设施等。

（3）国家积极实施针对发展新型农村专业合作组织的金融政策和金融产品

首先在部分地区进行农民专业合作社的信用试点工作。同时，国家对社区性农村资金互助组织发展提出了要求，要求坚持社员制、封闭性原则，不越位开展不属于金融互助组织从事的吸储放贷。在明确支持农村专业合作组织的前提下，要求政府加强监管，防止出现金融风险。①

2.2.3 我国粮食生产支持政策动力分析

从我国的粮食支持政策演变进程来看，不同阶段根据社会经济发展需要，政府采取了不同的支持政策和措施。这些政策措施的实施对解决“三农”问题，促进国民经济较好地发展发挥了重要作用。可是深究分析可知，促进我国粮食生产支持政策的演变既有内因，也有外因。其中突出的特点就是外源约束动力强劲，内源激励动力不足。政策层面表现最突出的问题就是中央政府与地方政府对粮食问题认识的差异。中央从宏观层次强调粮食安全，而地方政府更加注重区域经济发展，因此造成的后果就是政策规定释放的红利与粮农收益之间的差异。这就是我国近几年粮食产量虽然连年增长，但农民种粮的积极性并没有得到充分释放的原因所在。

2.2.3.1 粮食支持政策外源动力强劲

从我国近几年促使出台支持的粮食政策来看，一个重要的表现是外源动力。外源动力主要包含外源压力和诱致动力两个内容。

外源压力突出地表现在我国实施严格的耕地保护制度，并对农业耕地的使用，性质变化甚至基本农田、核心农田做出了严格的划分和限制。耕地是粮食生产的主要载体，耕地面积的减少对粮食生产带来了严重危害。因此粮食生产支持政策的外源压力主要是指我国的耕地数量有限。粮食生产面临耕地数量减少的威胁。粮食生产支持的主要政策就是保持我国耕地面积 18 亿亩的红线。耕地是保障粮食安全的基本因素，是实现农业可持续发展的源泉。我国人多地少的国情就要求重视保护耕地资源。耕地是农民的命根子，是农村发展改革的主战场，耕地资源的多寡直接决定了农村改革发展的成败，关系到农民生存的根本利益，也是保护我国生态安全和可

---

① 2015 年惠农补贴政策汇编［EB/OL］. http://www.360doc.com/content/15/0928/15/272311605_502016048.shtml.

持续发展的基本保障。作为战略性资源，我们也实施了严格的保护措施。中国人均耕地面积少，后备土地资源不足，乱占滥用耕地现象比较严重，因此有效保护耕地、实现农业的可持续发展以及粮食安全对中国具有更深远的意义。

目前我国耕地总面积虽然很大，居世界第 4 位，可是人均耕地不到 1.2 亩，不及世界人均耕地面积的 30%。2007—2009 年，我国进行了第二次农业耕地普查，摸清了家底，和过去传统统计数字相比多出了 2 亿亩（见图 2－2）。但是我国耕地紧缺、耕地保护严峻的基本国情并没有变。适宜稳定利用高的约 18 亿亩多，尤其是近年来随着我国城镇化率的逐年提高，13 年间，城镇用地增加了 4178 万亩，占用大多是优质耕地。伴随着我国人口数量增长，土地人均面积下降是不争的事实。然而目前耕地乱用和土地撂荒现象非常严重。因此要实现“以我为主、立足国内、确保产能、适度进口、科技支撑”的国家粮食安全战略，18 亿亩耕地红线必须严防死守，同时现有耕地面积必须保持基本稳定。因此，应严格落实耕地保护法规制度，深化保护耕地认识，实行最严格的耕地保护制度，严守土地供应闸门，禁止土地撂荒，禁止改变土地用途，建立粮食核心区，实现耕地占补平衡才能坚守住耕地 18 亿亩“红线”，保住 13 亿人的“饭碗”。

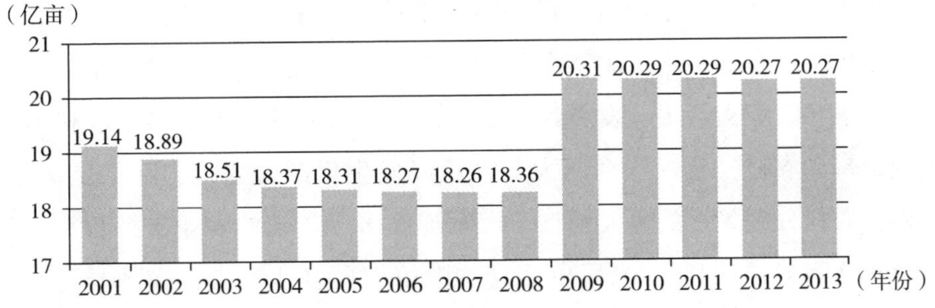

图 2－2　2001—2013 年我国耕地面积变化情况

资料来源：wind 资讯。

注：图中数据在 2009 年出现“跳跃式”变化，是因为 2009 年结束的全国第二次耕地面积普查，摸清了我国耕地面的“家底”所致。但是我国耕地面积下降的趋势未变。

诱致动力突出表现在各类农业发展支持政策上，特别是2004年以后实施的减免农业税政策和各种直接补贴政策，使农业生产者在获得经济收益的同时又获得了被尊重的心理感觉，对农业生产者产生了较大的利益诱惑，进而产生了动力。

诱致动力来源于拉坦的诱致性制度变迁理论。该理论强调内生变量影响的作用。“首先利用经济体内部导致非均衡的力量自发的进展，然后沿着非均衡的发展路径再给予一个类似于强制变迁的外部推动力，就能保证改革沿着个人理性与社会理性的相一致的道路加速前进。”①

在诱致性制度变迁理论中个人和民间力量对改革产生内生动力的情况下，加上政府资源和政府的政策设计的外生动力，改革便会很快实施。诱致动力就属于外生动力。这就说明政府应发挥诱致性制度变迁并促成其规范化的功能。纵观我国粮食支持政策的演变轨迹可以从政府的诱致动力上进行解释。

在我国工业化的道路上，由于国家要快速建立自己独立的工业体系对工农业产品实行“剪刀差”政策，中国农业对工业发展的贡献是巨大的，这一点已被许多研究者证实。改革开放后，我国进入快速的工业化发展阶段，然而由于农业的弱质性，农民收入少，农业受益低，农村和城市发展的差距进一步加大，土地耕地面积减少的趋势越来越大，“三农”问题和耕地保护问题愈加突出。2006年国家决定免除农业税，完全消除了农业税负负担。从农业支持工业发展到工业反过来支持农业发展，再从农村为主到城市带动农村，我国城乡两大关系已经发生反向转变，实际上是国家、城市和农村分配关系的重大调整。国家连续多年实施的农业支持政策，对农业实施诸多“让利”，农民也从这些政策中更多地实实在在地受益，而这些政策对农民来讲产生了较大的诱致动力。诱致动力的结果就是出现了我国历史上少有的粮食连年增产现象。近年来国家每年都以中央“一号文件”的形式关注“三农”，颁布和实施了一系列支持强农惠农政策，此外

---

① 俞雅乖．制度变迁方式转换的时机选择[J]．商业研究，2009(7)：15－17.

有关部委也出台了多部保护耕地的政策和法律法规，支持粮食生产，这更加强化了这样的政策诱致动力。但是，面对我国粮食生产仍然面临农业耕地资源紧张的现状，农村剩余劳动力转移突出，现代农业发展资源环境脆弱等诸多困境，如果粮食生产者不能为自己带来心目中预期的收益或者不能满足获得从事非农产业基本相同的收益，这种诱致动力终归不会长久。如果有一天这种诱致动力消失，就会对我国造成巨大的灾难，粮食安全将无法保证。

据此，国家一直把“三农”问题放在“重中之重”的位置，竭力保证农业的稳定发展，并不断地利用政策手段调节农业与工业的发展差距。国家每年在WTO框架内对国内粮食生产及农产品进行综合补贴，为的就是把政策产生的诱致动力持续地保持下去。但是，对于现代农民来说，仅仅依靠政策补贴已经无法完全消除他们“弃粮从它”的欲望。因为现在是市场经济，农民的迁徙自由度和择业自由度空前宽松，在农业综合支持政策产生的“政策收益”不能弥补他们从事非农产业产生的“转业收益”时，农民仍然会抛弃“政策收益”选择“转业收益”，这是个非常棘手的问题。同时，如果加大农民的“政策收益”，国家财政的支撑能力又是有限的，所以，仅靠政策的诱致动力来持续维持农民的粮食生产积极性非常困难。这必须引起我们的反思，在农业支持政策上进行思路创新。

2.2.3.2　粮食支持政策内源动力不足

经济学心理学研究证明，人的经济行为受经济动机的制约，而动机受经济预期的支配，在充分自由选择的情况下，人们的经济行为主要是受自身经济利益最大化的制约。粮食安全是国家层面的大事，是政府考虑的问题，关系到一个国家的稳定与发展的大问题。但就农民个人而言，其思考的范围还达不到这个高度，一般仅限于自身或家庭利益，地方政府也是一样，在经济领域，其责任是促进区域经济的发展，这就出现了国家、地方政府与个体农民或企业在粮食问题关注点上不一致的问题，即使国家无论怎样鼓励地方政府、农民多多种粮，只要地方政府和农民从事种粮的收益低于他们从事其他产业的收益，那么，种粮积极性就不容易被调动起来，并且会有很多合理的解释。这就会出现类似于“公用地的悲哀”问题。尽管大家都知道，过度放牧会使那块“公用地”最终出现土地荒化，草植枯竭，并可能出现沙漠化以致最终消失，但谁也不愿最早结束在那块“公用地”上获取利益。由此可以看出，政府与农民，中央政府和地方政府在对待粮食问题的关注点上由于各自关注的重点不同而没有交集，那么，在行为上就会出现不一致的现象。这是生产粮食的内源动力激励不足的主要原因。

国家作为粮食安全的最终决策部门，其最后要的结果就是粮食产量持续稳定增长，保证国家粮食安全。在此目标下，国家出台了一系列粮食支持政策，确保粮食产量增长，确保粮食安全目标的实现。但现实情况与国家实施粮食政策的目标不一致。农民种粮的最终目的是能够实现自己的经济效益，能够提高自己的收入。因此国家无论实施何种粮食优惠政策，只要不能实现自己的经济收入，农民的种粮积极性就不会提高。因此种植粮食收益太低，是农民种粮积极性低的主要因素。有人以 2011 年粮食单产和粮食出售价格计算，如果不计劳动力成本，种植一亩耕地，“全年的收入不到 1000 元，仅为 2011 年全国农民工月收入 2049 元的二分之一还不到”①。如此大的收入差距，农民都会做出理性选择。在现实情况下农民种粮收入与日益增长的物质水平和家庭开支之间存在较大的收入差，从市场的角度分析：农民为追求收益较高的职业会放弃粮食生产。

除此之外，作为负有造富一方责任的地方基层政府，其一切工作的重点都是发展地方经济，如果发展粮食生产不能使地方经济发展，甚至出现财政变穷的现象，那么他们发展粮食生产的积极性也会受到抑制。虽然地方政府有服从中央政府命令，落实中央政府战略规划与布局的责任，但很可能会使他们把发展粮食生产作为一项任务去完成，内源动力很难被激发。尤其是目前大多种粮大县财政收总体入水平不是很高，工业发展比较

① 楚国良．影响农民种粮积极性的因素及对策研究[EB/OL]．http://znzg. xynu. edu. cn/Html/? 11457. html.

滞后，因此种粮带来的效益远落后于发展工业带来的收入，从基层政府绩效考核的角度来看，抓粮种粮的积极性远落后于抓工业生产。这可以从全国产粮大县“十二五”规划中，有相当一部产粮大县并没有将粮食生产放在优先发展的战略地位中得到答案。

粮食生产比较效益低下，也可以从粮食价格的变动与非粮产品价格变动情况看出。从相对价格来说低于其他工业和非粮农产品的价格。近年来，随着我国城镇化速度的加快，人们的消费理念与物资短缺时代变化很大，粮食作为生存必需品在人们的消费比例构成中占比越来越小，也由此造成了城乡和工农之间的产品增益收益差距有加大的趋势。一是由于原材料和工资的上涨，农资的价格也在根据市场、生产成本等因素不断上涨，但是，粮食价格作为“百价之基”并不能随市场而变化，国家必须稳定粮食价格的基本问题，这是任何一个国家政府通行的做法。而这必然会造成粮食的价格上涨低于农业生产资料上涨的局面。二是种粮与非粮作物的收入效益差距逐步加大。国家近几年虽然对小麦、玉米和稻谷的粮食实施了最低收购价的政策，但是与种植其他粮食经济作物相比，收益依然较低，后果就是农民种粮积极性的动力源受到严重损害，而选择“弃粮从它”的行为。

协调好国家、地方基层政府和农民三者之间的利益关系，走出“公用地悲剧”的陷阱，关键是从本质、内源动力去调动农民种粮和政府抓粮的积极性。在粮食政策上真正让农民感受到种粮有利可图。做到这些就需要国家从顶层加大对种粮政策和粮补政策的改革，创新多元的粮食支持政策思路，并使粮食受用地区（粮食主销区）承担起应有的责任，只有这样，才能从根本上构筑我国粮食安全供给的屏障，而这就需要粮食生产支持政策不断创新。

2.2.4　粮食支持政策需要制度创新

2004 年以来，我国实施了“三农”支持政策，其支持力度前所未有。在粮食生产上，国家通过减免农业税、粮食直补、良种和农机补贴、农资综合直接补贴等，促进粮食增产和农民增收。在农村医疗保健上，制定了农村“新农合”政策，降低了农民就医保健的成本，在农村教育上，实施“希望工程”普及九年义务教育，提升了农村人力资本存量，并进一步使农民在生活理念上发生了重大变化。在新型农民培育上，实施“雨露计划”，向农民无偿传授各种职业技能，提高其参与社会建设的能力。在农村基础设施建设上，通过“村村通”“户户通”“美丽乡村建设”等工程的实施，农村饮水、农村电网、农村道路、农村信息网络等得到极大改善，农村居住环境得到优化，极大地提升了农村居民的生活尊严。在农田基本建设上，通过“中低产田改造”“农田基本建设”“小农水工程”等提升农业用地质量和单位面积产能，确保了农业增产、农民增收、农村经济发展。可以说，我国在经济发展达到一定程度之后对农业发展的支持力度与覆盖面积是亘古未见的。但是，近些年农村出现了新的问题，其中之一就是粮食主产区发展相对滞后，以致影响了粮食生产的问题。如前所述，国家农业、农村、农民发展的支持政策产生了外源压力和诱致动力，但是，粮食主产区和主产区农民粮食生产的内源动力尚未被激发出来，特别是农村基础的生活条件和生产条件得到改善之后，农民对社会的了解能力进一步提高，农民自主择业的机会和能力进一步增强，农民从事粮食生产的愿望反而下降，这个问题如果不能有效解决，将对我国的粮食安全构成潜在的威胁。

从我国粮食支持政策的内容和执行实践来看，目前经济支持的来源主要是国家财政支持。根据已有的资料看，国家对粮食生产的直接补贴在逐年增加，仅2014年就达到了150多亿元。但即使是这样，粮食主产区政府和粮食主产区农民粮食生产的内源动力激发得仍然不够充分。如果按照这个政策思路继续执行下去，将会成为巨大的财政负担，且可以预见的是效果不一定会有更好的转变。

由此我们认为：我国粮食生产支持政策必须从思路上进行创新，把粮食主销区承担国家粮食安全的责任提示出来，并施以相关政策使他们履行粮食安全责任。同时，利用经济学的相关理论，使粮食主销区履行粮食安全责任有一定的理论解释，使粮食主产区心甘情愿地为粮食安全承担责任。由此我们认为，创新粮食生产支持政策的基本思路要依据以下基本路线：

2.2.4.1 调动粮食主产区“两个积极性”

地方基层政府和农民可以说是我国粮食生产的基础动力源。国家要调动和处理好与地方基层政府和农民三者之间的利益关系显得非常重要。这就需要继续做大“蛋糕”，加大强农惠农富农政策的力度，扩大农业补贴范围，强化地方政府的抓粮以及农民种粮的利益引导，真正做到让种粮大县财政不减少，农民种粮不吃亏。在政策制定上，注意平衡粮食主产区和粮食主销区的发展及利益关系，完善粮食主产区和主销区利益补偿机制，使粮食主产区的地方政府和农民在为国家粮食安全做出贡献时，在经济上得到补偿。只有粮食主产区的地方政府和种粮农民的积极性被调动起来，粮食主产区的粮食产量才能上去。同时，对主产区政府的考评要加大粮食生产勤勉度的分量，让那些对粮食生产做出贡献的地方政府在政治上有荣誉、经济上得实惠、工作上添动力。

2.2.4.2 强化粮食主销区对粮食安全的主体责任

由于我国地域广阔，自然生态多样以及在历史演进过程中形成的不同产业基础，在粮食生产上形成了粮食主产区和主销区的地理分区。在农业经济社会，这种分区只是产业侧重的不同，在经济收益上并没有很大的差距。进入工业社会之后，由于农业和工业在经济效益的创造上有着较大差距，粮食主产区与主销区经济社会发展差距开始拉大。特别是改革开放之后，我国实行市场经济，生产要素自由流动，由于生产要素的趋理性流动，特别是人力资源的流动，造成了粮食主产区与主销区在生产要素的流动与占有上发展不平衡的转移，使得粮食主产区和主销区的经济社会发展差距加大，这进一步促进了生产要素不平衡转移，形成了一个正反馈作用，使得粮食主产区和主销区发展的不平衡变成了一个社会问题。

粮食主销区由于工业化和城镇化发展水平较高，同样的土地从事不同的产业会带来差距巨大的收益，所以，粮食主销区逐渐就把粮食生产放在了次要地位，并从本位观点出发，认为“种粮不如买粮”。在这样思想的支配下，主销区产粮的欲望进一步降低，完全忘记了自己对国家粮食安全承担的责任。另外，由于粮食价格是其他非粮商品定价的基本参考，国家为了稳定物价，首先就要稳定粮价，所以，国家以对粮食生产进行补贴的方式使国内粮食价格稳定在低位销售。从这里可以看出，国家对粮食生产的各类补贴实际上是被粮食受用者间接享用了。从这一点上说，粮食主销区对粮食主产区进行利益补偿是完全应该的。按照目前的粮食生产支持政策，其经济负担全部落在了国家财政上，不仅对国家财政造成较大的压力，而且粮食主销区得到了不应该得到的利益。因此，在粮食补贴政策的设计上，应该让粮食主销区对粮食主产区进行适当的利益补偿，使它们承担起国家粮食安全的责任。虽然目前已经有学者提出粮食主销区应该对主产区进行补偿，但操作层面的具体观点尚未产生，需要继续研究。

2.2.4.3 积极开展粮食主销区对主产区利益补偿的合理性研究

既然粮食主销区享受着国家粮食生产直接补贴所衍生的多种收益，那么，粮食主销区是否就应该对主产区进行补贴呢？这个问题并不能简单地下结论。因为在我国废除粮食“统购统销”的政策之后，粮食的生产与销售就不再受“统购统销”的限制，而是按照市场的供需关系，由买卖双方按照各自的意愿进行交易，似乎要求粮食主销区对粮食主产区进行利益补偿没有经济学依据。但是，从另一个角度来看，还是值得研究的。粮食是特殊商品，不仅具有一般商品的经济属性和价格属性，还具有社会属性和生态属性。所谓社会属性是因为粮食作为人类生存的必需品，具有“百价之基”的性质，所以，任何一个国家对粮食的定价都不是完全按照市场供需关系决定的，都有政府强烈的干预。这就是为什么在 WTO 框架下专门制定有《农业协议》，规定政府对农产品价格直接补贴只能在“绿箱”政策的范围内进行，对于属于“黄箱”政策的农产品价格支持每个新加入 WTO 的国家都要做出承诺，只能限制在一定范围内对农产品实行价格干预，并逐步减少。从这一点就可以说明粮食并不是一个普通商品，它具有社会属性。同时，作为人类生产必需品的粮食还是国家战略物资，战略物资供给、储备、安全保障还具有政治性，这涉及国家安全。而国家安全是全民的责任，粮食主销区也不例外。从这一点上说，粮食主销区负有对粮食主产区在粮食生产过程损失机会成本补偿的责任。同时，粮食生产还有生态效益，对保持良好的自然环境有“增益”作用。环境的“增益”则是惠及全体国民的，不分主产区和主销区。那么，粮食主销区在享受环境“增益”利益时，不能只“搭便车”，而是要付费享用……这只是梳理了简单粮食主销区对主产区进行补偿的合理性，还需要对这个问题进行更深入的研究，使之形成完整的补偿理论，用来指导粮食主销区对粮食主产区进行利益补偿的实践。

2.2.4.4　研究设计粮食主销区对主产区利益补偿具有可执行性的制度

对于粮食主产区利益补偿这个议题，从现在的研究来看，基本一致的看法是应该补。但是“补多少?”“如何补?”还没有可操作的办法。从目前的研究情况看，王忠明在其博士论文《粮食主产区利益补偿机制研究》中作了系统研究，提出可以通过主销区 GDP 提成、主销区土地出让金提成、征收粮食安全税等组成粮食主产区利益补偿基金的方式进行补偿。①王博士提出的这个观点可以作为政策内容进行规范，但是，这样的做法尚缺乏充分的理论支撑，执行起来会有一定的难度。如前所述，粮食具有社会属性，粮食安全是全民的责任，这当然包括粮食主销区。主销区对国家粮食安全与主产区承担有相同的责任，不能因为被划为粮食主销区而忽略其粮食安全承担的责任。这个问题必须首先得到大家的共同认知，否则，就难以落实。

人类社会进入工业文明以后，由于难以完全控制工业废气的排放，特别是 CO_2 过量排放导致的气候变暖，超出了大气环境自净的能力，而引起国际社会的关注。为了限制这个威胁全球性生存的问题，各个国家就形成

---

① 王忠明．粮食主产区利益补偿机制研究[D]．北京:中国农业科学院,2012.

了通过“碳汇交易”的方式来抑制过量 CO_2 排放。粮食问题在性质上与这个问题在原理上有些类似，本课题拟对此进行研究，以求从理论上和政策操作层面来解决粮食主产区的利益补偿问题，并以此来平衡主产区和主销区之间的利益关系，并回答“怎么补?”“补多少”的问题，并通过政策层面的实施，达到提升粮食主产区从事粮食生产积极性的目的。

综上，可以看出，对粮食生产进行补贴已经成为世界各国通行的做法，并且为防止世界各国对粮食生产直接补贴造成在世界粮食市场上粮食交易时的价格扭曲，世界各国制定了被一致认可的“绿箱”政策和“黄箱”政策，较好地解决了世界粮食生产和粮食贸易的诸多矛盾和纷争。我国的粮食生产支持政策也经历了“以农补工”和“工业反哺农业”的转换，改革开放后，我国不断加大对粮食生产直接补贴的力度和幅度，使我国在耕地面积因为工业化和城镇化的发展而不断减少的情况下，取得了粮食安全的红线不被突破的成绩。但是，由于粮食生产的天然弱质性，导致了以粮食生产为主导产业的粮食主产区出现了经济和社会发展严重滞后于粮食主销区的现象，极大地影响了粮食主产区粮食生产的积极性，继续下去，将会影响我国粮食的安全供给。而且这个问题到目前为止，还未有理论和政策层面能够很好解决的办法。我们通过对我国目前粮食政策体系系统研究发现，现行的粮食支持政策体系也不能很好地解决这个问题，所以，本书提出了必须对我国粮食补偿政策进行政策思路的创新观点，利用世界上解决相似问题的理论和实践，借鉴其基本原理，构建新的粮食主产区利益补偿的政策理论和政策实践。

第三章　本书的理论基础

任何研究都必须有一定的理论基础支撑。本书虽然属于应用研究，但研究结果也要符合经济学的有关基本理论。本章对产业结构与产业保护理论、公共产品理论、外部性理论、生态学理论、农业基础地位论，以及粮食安全论和国际环境论等理论的相关观点进行梳理，为分析提供理论支撑。

3.1　产业结构与产业保护理论

产业结构是指在一定的社会生产体系中，一、二、三产业之间的比例关系或一个产业内各子产业之间的比例关系。在社会再生产过程中，产业结构会随着生产力发展水平的变化而不断进行调整。在调整的过程中，由于各个产业生命力不同，也就是供需之间的关系变化，有些产业就会发展壮大，进而形成主导产业，有些产业则会逐渐变成式微产业。农业在农业时代是主导产业，在工业时代，尽管它还是人类生存不可缺少的产业，但对于社会经济发展的作用渐次变弱。

在国民经济中最重要的产业结构问题当属三次产业结构的关系。中国幅员辽阔，人口众多，必须具有完整的产业结构，任何偏颇都会严重影响整个经济社会的良性发展。特别是作为人类生存依赖的第一产业，随着社会文明和科学技术的进步，其在国民经济中所占比重将会越来越低，对GDP的贡献率也在不断下降，但这并不能说明农业作为第一产业在一国经济与社会发展中的地位不高。尤其是在中国，一旦忽视农业将会给我国在世界竞争中造成巨大的危险，带来无法想象的后果。

根据李斯特（Friedrich List）的幼稚产业保护理论，对于弱势产业农业，需要政府在政策上予以扶植和保护，以保证其正常发展。针对李斯特幼稚产业保护理论进行研究的学者们提出了判断幼稚产业的3个标准，其中穆勒（John Stuart Mill）标准最为大家所推崇。他认为，当某一产业规模较小并且生产成本比国际市场价格明显偏高时，就属于该国的幼稚产业，该产业应该由政府提供一定的保护政策加以扶植，并在此基础上发展壮大，从而逐渐能够完全面对自由竞争。政府如果不加以扶持任由其参与自由竞争，那么该产业必然会亏损。目前我国的农业，特别是粮食种植产业基本上处于这样的状况，政府应该实施一系列政策，为其发展提供优惠条件，为其营造良好的国际、国内环境以免其衰落。

3.2 公共产品理论

公共产品概念的提出是相对于私人产品概念而言的。我们知道，在产权明晰的市场经济社会，私人产品具有排他性，也就是只有付出一定的劳动价值才能使用私人产品，且这种产品被使用之后，其他人即使付出劳动价值，其使用权也会受到限制。与私人产品相比，公共产品具有非排他性和非竞争性使用的特点。公共产品在被使用的过程中，不会因为没有付费或别人已经使用自己就不能使用。也就是说，有些人即使不支付商品价格也能使用该商品；而且支付价格的人使用该商品不影响其他人的同时消费。

该理论是从使用角度而不是根据生产主体界定公共产品的。然而，其他类似的延伸研究还有很多，对公共产品概念的理解也有差异，但各种观点基本上都认为：公共产品与私人产品之间的界限并不是十分清晰的，有些产品很难界定它是属于公共产品还是私人产品。所以，准公共产品的概念就被提出来。准公共产品兼具两者的部分特征，即具有部分非竞争性和部分非排他性的特征。

理论和实践也已证明，对于被界定为私人产品范畴的物品来说，按照市场经济理论解释应该由市场决定其供给和需求，这是最有效的。而公共产品由于具有非排他性和非竞争性的特性，产品的提供者无法排除未支付成本的消费者，即“搭便车”现象的产生。“搭便车”现象在私人市场主体体系中会产生负能量：私人市场主体不愿供给公共产品。这说明在私人市场主体下公共产品是稀缺的。然而，为了整个社会的和谐发展，政府必须承担起提供公共产品的责任，以避免市场失灵。但是对于准公共产品而言，由于其具有的特殊性质，既不能完全由私人提供，也不能完全由政府提供，只有私人和政府“合作”才能完成准公共产品的供给。政府提供服务一般有两种方式：一是政府通过税收获得资金，从私人生产部门那里购买产品，然后将其提供给消费者，这实质上就是政府的转移支付；二是政府和私人部门合作，委托私人部门进行公共产品的供给，通过补贴的方式使私人部门在产品提供过程中的损失得到补偿，这其中就包括那些所谓的准公共产品。在现代社会，工业和服务业是主导产业，产业利润空间明显大于农业，而农业如前所述是人类生存的依赖产业，所以，政府就要把农业作为准公共品产业予以扶植。

粮食是一国经济社会发展的特殊物资。从纯商品的角度来分析，粮食当属私人产品。从这一点来说，只有付费才有权使用粮食产品，在理论上是完全合理的。从生产的角度讲，粮食生产是一个弱势产业，从事粮食生产所获得的经济收益比较低，这不完全是由市场决定的，而是由社会稳定发展的要求决定的。因为粮食价格变动在市场商品价格形成中具有“蝴蝶效应”。所以，素有“粮价是百价之基”的说法。粮食生产不是一个高利润产业。同时，在经济生活中，那些付不起费用的人们，也应该享有粮食的消费权。这就决定了粮食具有准公共品的属性。原因有二：一是作为生存的基础物质，粮食是人们生存的需要，这是由人的生存权所决定的。而无条件保障人的生存权已经超出了经济范畴，进入社会范畴。在社会范畴内，任何一个人，无论是否能付起粮食消费价格，都有权获得满足生命持续的粮食供给。二是粮食安全是针对整个社会而言的，在整个社会体系中，粮食需求是基本需求，满足人的基本需求是社会的责任，所以，粮食在消费过程中不应具有排他性、竞争性。

基于上述分析，本课题研究的粮食主销区对主产区进行利益补偿就有了一定的理论基础。粮食属于准公共产品，其供给有一部分属于社会功能，是应该由政府承担的。粮食主产区向社会提供准公共产品时，其利益损失也应该由政府来补偿，由于粮食的准公共产品属性，其内生的商品价值受到了政府干预，市场上以一般商品形式出现的粮食，价格并不能真正反映其价值。因此，粮食主销区在享受粮食商品时，其支付的价格是被政府有意压低了的价格。从另一个角度观察这个问题，就是粮食主销区“贱买”了粮食商品。同理，粮食主产区也就“贱卖”了粮食商品。由此，粮食主销区对粮食主产区进行利益补偿的合理性便一目了然。如果粮食主产区的补偿一直由政府埋单，就会出现粮食主销区“搭便车”的现象，这是不可持久的。故粮食主销区对粮食主产区进行一定的利益补偿可以使粮食安全得以持久保证。

3.3 外部性理论

外部性概念最早出现于马歇尔和庇古的经济学思想之中，后来由于在经济学中的影响增大逐渐形成了外部性理论。简单来说，外部性就是一个人的经济行为（如生产或消费）使社会其他人受损或受益而又不支付相应成本或获得相应收益的情况。如果对他人产生正面作用，则该经济行为具有正外部性，相反，则称为负外部性。正外部性也称外部经济，是指一个生产者或消费者的经济活动，在没有得到任何补偿的情况下给其他社会成员带来的好处，此时，其私人收益低于社会收益；相反，负外部性也称外部不经济，是指一个生产者或消费者的经济活动在不支付任何成本的情况下对其他社会成员带来的损害，此时其私人成本低于社会成本。无论正外部性还是负外部性，都会对生产成本产生影响，进而影响产品价格，所以，外部性的存在就会导致价格与成本之间出现背离，并且，在纯市场力量作用的情况下，无法改变这种状况，即存在所谓的“市场失灵”。

外部性是如何产生的，诺贝尔奖获得者科斯对此进行了较好的解释。他认为：外部性产生之所以在经济生活中经常出现，是由经济活动中产权不清晰或交易成本较高引起的，如果产权清晰，交易成本很低甚至为零，则人们的经济行为就不会存在外部性问题了。

为了解决外部性问题，政府就会用“有形之手”进行纠偏，以保证正常的社会经济秩序。政府使用的方法一般有三种：一是税收手段，即对那些对他人经济或生活造成负面影响的生产者征税，对产生正外部性作用的生产者进行补贴。通过税收和补贴的手段，使得生产者的生产成本与社会成本基本一致起来，这是政府采用比较多且是有效的手段。二是外部问题内部化，即将产生外部性的企业与相关受益或受损企业合并经营，外部成本在合并后的企业内部消化，不对社会产生影响，这样可以化解矛盾，提高效率。三是清晰产权，根据科斯的研究，只要对产权进行了清晰的界定，对外部性的产生有责可究，有绩可奖，那么，外部不经济就会自然而然地消失了。

粮食安全是粮食主产区提供的公共产品，存在着较大的正外部性，由于提供“粮食安全”这一特殊产品的产权不清晰，长期以来各种补偿措施并没有使生产者得到合理的利益补偿，造成主产区农户生产的积极性一直不高。因此，采取适当措施理清产权边界，提高粮食主产区生产者的积极性是保障粮食安全的有效途径。

3.4　生态学理论

生态学（Ecology）是研究生物与环境以及生物之间相互关系的学科。生物需要一定的物质、空间和能量来支持自身的生存活动和繁殖。在长期进化的过程中，生物逐渐会形成对周围环境的特殊需要，具体是指某些物理条件和化学成分，如空气、水分、光照和无机盐类等等。任何生物都不可能孤立生存，而是在动植物及微生物之间复杂的相生相克关系中，在同种个体之间互助互竞中求得生存的。人类是特殊的群体，和环境相互依存，一方面人类为满足自身需要，不断改造着环境；反过来环境又不断影响着人类的经济和社会活动。随着人类活动范围的扩大与类型的多样化，人类发展与保护环境的矛盾越来越突出，尤其是人类活动对环境的破坏，不仅影响到全球经济活动的可持续发展，而且成为国际关系不稳定的重要诱因。

农业生态系统，是指一定农业地域内存在的各类物体，包括生物的和非生物的，由于共同存在而产生一定的相互作用，甚至相互依赖，而组成的具有一定功能性质的整体系统。根据农业生态学的观点，农业生态系统是生态系统的一个子系统，本身必须结构合理，有序运动，互惠并存，系统内的每一个因子都有其经过长期自然选择而形成的“生态位”，这样才能使农业生态系统稳定运行，性质不变，为人类生存提供良好的环境。实践证明，其可行的发展方向是走生态农业之路。所谓生态农业，就是从系统论思想出发，依照生态学、经济学和生态经济学等学科的基本理论，将现代农业科技成果和管理手段与传统农业的成熟经验进行嫁接而建立的新型农业发展模式，该模式能够获得较高的经济效益和社会效益。预计我国在度过目前粮食产量快速增长的时期后，会开始渐渐重视生态农业的建设。在农业生态系统中，有一种自然因子叫自养型生物，自养型生物能够利用光能、水分和二氧化碳将自然存在的无机物分子，通过光合作用一系列的光化学反应，合成为有机物。这类自养生物包括一切绿色植物，当然粮食作物也是自养生物。自养生物对于人类生存物质和生存环境都具有强烈的“外部性”，它们在自己生长繁育的过程中，为人类提供各种食物和良好的环境。回到本书的研究宗旨上，既然粮食生产在其过程中不但直接向消费者提供粮食成品，还向社会提供优良的环境，对它们的“外部性”贡献进行补偿，从生态学原理来看应该是十分必要的。

3.5 农业基础地位论

纵观人类文明史，农业作为一个生产部门出现以前，食物来源是无法保障的。当时，人类主要依靠采集野果和狩猎来获取食物，其危险性和不确定性都很大，使得人类文明的进程受到极大的影响。农业的出现改变了人类迁徙狩猎的生活习惯，方便了人类获得较为稳定的食物来源，直接促进了文明社会的诞生和发展，可以说农业是人类文明的奠基石。至今，人类文明已经过了上千年的发展，但农业的基础地位仍未改变，农业依然是为人类提供粮食的最主要手段，无可替代。粮食生产为人类提供了生存的必要物质，同时农业剩余的出现引发社会分工，成为国民经济其他部门独立的先决条件。另外，农业为工业部门提供了基础原材料，农业部门更是轻、重工业产品的主要消费市场，可以说，农业的发展是国民经济其他产业与部门健康发展的基础。而且这种基础地位不分国别，世界上不论是经济落后国家还是经济发达国家，几乎都把农业作为一国的基础产业来看待。可以说，农业是人类发展的百业之基。强大厚实的农业基础，是社会文明科技进步进一步发展的支点。

尽管农业在人类生存与发展中具有不可替代性，但是在人类发展到具有强大征服能力且需求多元化、高端化的今天，农业提供产品的单一性——只能提供食物链条，使其在经济社会中的地位日渐减弱，农业在国民经济体系中居于弱势地位。农业弱势地位的形成不仅仅在于人类需求多元化，也在于其生产过程中存在的自然风险和市场风险。自然风险来自于农业的生物特质，农业是以生物为对象的产业，人们从事农业生产是在保证生物良好生长的前提下而获得经济收益的，也就是说，只有农作物生长好了，农业生产者才能获得较好的收益。而农作物的生长与自然环境息息相关，因此，自然风险也就成了从事农业经营者的收益风险。农业的市场性风险则是由于农业生产具有较长的生产周期，而且在地域生态环境一定的情况下，什么时间出产产品也是既定的，这就容易出现与市场价格反应不一致的问题，所以，就容易出现市场风险。同时，根据供需变化对价格影响的规律，在农业产品的收获季节，农产品大量上市，会造成短时间供过于求的现象，造成价格降低，农业收益减少，加剧了市场风险。尽管现在农业技术的提高，反季节生产稍稍熨平了农产品市场价格的波动，但是，靠人工技术的反季节生产终归不能成为农产品供给的主体。即使在全球经济一体化的今天，对农业来说，处于相近维度的全球各个国家，其农业产品上市的峰值也基本上在同一个时间段，这更是加剧了市场风险。因此，在完全竞争、无政府干预的市场经济条件下，农业生产者的收益相对于其他产业风险高，难把控。

综上所述，粮食具有公共产品的性质，还具有明显的正外部性，粮食产业是国民经济中其他一切产业发展的基础，到目前为止，粮食仍然是人类生存的基本物质条件，粮食生产的过程为其他产业提供着环境与生态收益。所以，当粮食生产处于弱势地位时，政府的政策支持就是必不可少的了。

3.6 粮食安全论和国际环境论

粮食是人类的生存物质，没有生存，就没有发展。在现在世界以民族为团体分割成不同国家单元的时代，各个国家为了本民族的生存与发展，都把粮食安全作为本国发展战略的重中之重。对于我国来讲，人口众多，人均耕地面积少，粮食从古到今多数时期都是处于供给吃紧的状态。特别是现在，我国处于快速崛起时期，国际上的霸权国家为了稳定其霸权地位，对我国采取合围制约思想，这就使得我国粮食安全只有走自己解决的路子。可以说粮食安全关系到国家的社会稳定，所以，我国已经把粮食安全列为三大经济安全的首要位置（其他两个分别是社会安全和金融安全）。

粮食安全的思想在我国农耕时代就有着深厚的社会基础。我国是一个农业大国，农耕历史悠久，所以，农业一直是我国的主导产业。中国历史上关于节约粮食的文化传统深入人心，被视为高尚品质。对粮食的作用一直有“兵马未动，粮草先行”的说法，老百姓也追求“手中有粮，心中不慌”的生活。这些足见粮食安全在我国文化传统中的社会基础。但是，如果粮食安全出现问题，其对社会造成的冲击也会因特别在意粮食安全而造成更严峻的恐慌，所以，我国一直把粮食安全放在国家稳定、发展的重要位置。改革开放之后，我国农业取得巨大的发展，曾经出现“卖粮难”的现象，但是，进入 21 世纪之后，我国农业发展出现了不少困难。国家从 2004 年开始连续以“中央一号文件”的形式支持农业发展，推出了中国历史上空前的农业发展支持政策，力争要达到国际粮农组织说的“确保任何人在任何时候既能买得到又能买得起为了生存和健康所必需的足够食物”。

现在，我国可以说粮食供给充裕，但是，我们始终没有忘记我国人多地少的国情，一直持续加大对农业基础设施的投入。在粮食问题上，制定了“以我为主，立足国内，保证产能，适当进口，科技支撑”的粮食安全战略。这就是我国粮食安全的战略思想。

中国是世界第一人口大国，有13亿多人口，占世界人口接近1/5；中国也是粮食生产、流通和消费的第一大国，粮食安全对我国社会稳定的意义可想而知。另一方面，中国人均仅有1.2亩耕地，是世界人均耕地面积的一半不到。这种独一无二的国情，是中国存在比较严重的“吃饭问题”的重要原因。据测算，我国全部13亿多人每天仅吃饭就要“吞”下78万吨粮食，相当于一个粮食生产基地县的全年粮食总产量。中国人能否养活自己，究竟“谁来养活中国”，不仅中国人自己在认真考虑这些问题，世界范围内的政治家、经济学家等也在高度关注这一问题。目前，国内有一种声音力挺“中国应该继续利用国际粮食市场生产成本低的优势来解决日益增长的粮食需求”，但同时，国际市场却发出“中国人正在吃穷世界”的呼声，并由此引发了所谓的“中国威胁论”。①

综观世界粮食市场，主要供应国有美国、巴西、加拿大、俄罗斯、澳大利亚。俄罗斯在20世纪90年代曾经大量进口粮食，使原本十分拮据的财政负担更重，也使国际处境较为被动，因此目前虽然成为世界第3大粮食出口国，但国内粮食需求也在不断增长，粮食出口政策一贯比较保守。所以剩余4国，即巴西、澳大利亚、加拿大和美国成为世界上主要的粮食出口国。澳、加、美历来是粮食战线上的同盟军，而巴西与我国也是貌合神离，表面上同为“金砖四国”之一，实际上缺乏深厚的感情基础，可依赖性较差。

总之，当前中国所处的发展阶段以及面临的国际环境对中国粮食产业发展提出了较高的要求。粮食已经超出了经济或民生范畴，进入了政治范畴。中国正处在民族复兴的快速推进阶段，国际特别是以美国为首的老牌

① 拉吉·帕特尔. 粮食战争. 郭国玺，程签锋，译. [M]. 北京：东方出版社，2008.

发达国家一直实施遏制中国崛起的战略，美国原国家安全助理布热津斯基（Zbigniew Brzezinski）就曾提出“粮食武器论”——中国人口规模大，一旦中国粮食出现较高的对外依存度，美国就可以利用自己对国际粮食市场的控制，用粮食作为武器来遏制中国的崛起。

因此，中国的粮食必须依靠自己来解决，依靠国际分工、借助从国际粮食市场进口低价粮食的做法将存在很大的风险。政府必须通过不断完善农业支持政策以保证足够的粮食生产和农业的持续、稳定发展。

第四章　本书调研及结论

为了深入了解粮食主产区的粮食生产情况，也为本课题提供基本的思路与数据，课题组采取实地走访座谈、问卷调查和网上资料收集等方法进行了课题调研，获得基本的感性认识。同时，对数据进行分析，找出共性的东西，为本课题研究提供基本依托。

4.1　调研方法与数据整理

4.1.1　走访与访谈

调研的主要目的是从宏观上了解我国的粮食生产情况，主要包括地方政府、基层行政官员以及农业经营主体关于粮食生产的所思所想，从而形成本项目对我国粮食生产现状的基本认识及发展趋势的基本判断。为此，课题组选择黑龙江、辽宁和河南等粮食主产区为主要调研地点，采取走访和座谈的形式，开展实地调研。

（1）黑龙江引龙河农场

2013 年 7 月 27 日，课题组部分成员来到黑龙江省农垦总局北安分局引龙河农场，主要围绕粮食生产这一主题进行了参观调研。课题组成员深入田地，对引龙河农场大豆、小麦等粮食作物的生长状况及田间管理进行参观考察，之后与引龙河农场的相关领导、职工、农户就农场发展历史，粮食产量、农业经营方式、农民种粮积极性、农民收入以及国家粮食补贴政策等一系列问题进行了深入交流。

引龙河农场始建于 1955 年 9 月 7 日，隶属于北安农场管理局，位于黑龙江省北部、五大连池市境内，是一个以种植业为主的中型国营农场。引龙河农场共包括7个管理区，农场总面积42151公顷，其中，耕地22328公顷；总人口1.2万人，其中农场职工0.4万人。农场以种植业和畜牧业为主要产业，主要种植大豆、玉米、小麦、亚麻、芸豆等粮食作物。

引龙河农场坚持现代化农业理念，从播种到收获均采用机械化作业，粮食产量逐年提升；农业增产更多依靠科技含量的提升，农场引进了先进的GPS卫星导航系统进行秋整地和秋起垄作业，减轻了驾驶操作人员的劳动强度，提高了工作效率。国有农场统一经营的优势明显，农业生产经营的组织化程度较高，为职工的规模化经营提供了服务保障。农场成立了农机、畜牧、小麦、大豆等专业合作社，与其他家庭农场相比，小麦大豆单产水平普遍较高。在国家一系列支农、惠农政策的激励下，农场职工的收入显著提高。农场粮食生产也受到一些影响因素的制约，其中一个主要因素就是自然灾害风险。因此，农场积极引入农业保险政策，化解职工因灾害带来的农业经营风险。在与农场职工进行交流的过程中，他们提出的主要建议是希望国家能再提高种粮补贴，尤其是增大对非转基因大豆的补贴，这样农民种粮的积极性会更高。

（2）辽宁本溪市南芬区

本溪市南芬区现有涉农街道办事处3个，共23个行政村，农业人口3.1万人。

2013年7月30日，在南芬区副区长等人的引领下，课题组成员首先来到思山岭乡三台子村，对盛鑫现代农业示范基地进行参观调研，该基地投资870万元，以500元每亩的价格租种农户土地100亩，租期15年，有连栋式棚室65栋；日光温室10栋；该基地的主要产品是鲜切菊花，年生产鲜切花200万株，全部出口日本、韩国，年产值600万元以上。基地以市场为导向，以科技为动力，将生产、加工、储藏、运输、销售等环节融为一体，形成产业链条，成为本溪市鲜切花卉种植与出口创汇的农业龙头企业。

当天下午，课题组来到郭家街道办事处解放村冰葡萄种植基地进行调研。解放村曾是当地的贫困村，以前农民主要种植玉米等作物。为了提高土地收益率，该村村民开始陆续尝试种植冰葡萄。2010 年 10 月，解放村组织冰葡萄种植户成立了大峡谷冰葡萄专业合作社，合作社主要向成员提供生产、技术、信息、销售等服务。通过加入合作社，农户在市场竞争中的地位得以提高，收入显著增加，每亩冰葡萄纯利润达到4000 多元，极大地调动了农民种植冰葡萄的积极性。目前，解放村 20% 的农户开始种植冰葡萄，种植面积达到1000 多亩，极大地提高了农民的收入水平，带动了当地农业经济的发展。

南芬区在推动农业现代化发展上取得了突出成绩，有以下经验值得借鉴。一是积极引导、推进土地流转，依托农业合作社、龙头企业和种植大户，创建名牌产品。二是加大对现代高效农业园区、产业化龙头企业、合作组织的信贷支持力度，解决农业发展主体的融资困难。在调查中我们了解到，在耕地比较分散的山地农村，农民主要是发展非粮农业，主要原因是粮食收益相对较低。

（3）河南洛阳市洛宁县

洛宁县隶属于洛阳市，全县总面积2306 平方千米，辖 8 镇 10 乡，388 个行政村。洛宁耕地面积 110 万亩，以小麦、玉米、豆类为主要农作物，是国家粮食产能建设重点县，也是国家扶贫开发重点县。

2013 年 9 月 12 日，课题组来到河南洛宁进行调研。首先，课题组成员与主管农业的县领导进行座谈。近年来，洛宁以加快农业发展方式转变为主线，以调整农业结构为突破口，积极推进土地流转，加大招商引资，推进农业产业化经营，加快了农业现代化进程。

座谈之后，课题组成员参观了洛宁县城郊乡寨礼村的碧秀庄园。2012 年 8 月，洛宁县林业局与洛阳利源祥农业科技开发有限公司签订碧秀庄园土地承包流转协议，承包期限 50 年。土地流转面积 5200 亩，涉及 7 个行政村、1.5 万人口，土地流转费用照每亩 400 斤小麦的市场价格进行折算。除土地流转租金外，农户也可以通过在庄园内从事除草、施肥、灌溉等工作获得工资性收入。目前，碧秀庄园已先后完成了核桃等果木的补植、栽植，全面发展林下间作、套作，筹建生产和管理用房、办公用房等基础设施。园区计划总投资4.6亿元，目的是建成豫西地区最大的核桃种植及科研基地，打造集休闲、度假、旅游于一体的生态观光园。

洛宁县以土地流转为重要举措，加强招商引资，大力发展农业特色产业，加快农业品牌建设，有效促进了产业结构调整、提高了农业规模化经营、推动了现代农业的转型升级。

4.1.2　农业生产基本条件问卷调查整理分析

问卷调查的主要目的是了解我国粮食生产现状、农户和基层干部对种粮的态度、农村耕地变化情况、农户对农业补贴的看法、现有粮食支持政策效能以及农户政策需求等。根据调查主体的不同，课题组设计了两种问卷格式，一份是对村干部进行调查（A卷），一份是对农民个体进行调查（B卷），调查问卷见附录。

2013年7—8月，课题组组织相关研究人员及学生深入农村进行了走访和问卷调查，调查问卷覆盖了全国25个省149个县的316个乡镇，共发出问卷450份，获得有效问卷435份，有效回收率为96.7%，数据真实有效，具有一定的普遍性。

（1）样本农村粮食作物种植比例变化情况

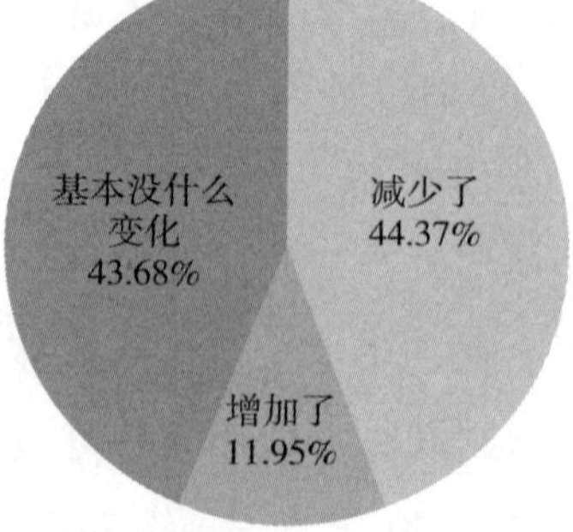

图4－1　近几年样本农村粮食作物种植比例变化

图4－1显示了近年来农村粮食作物种植比例的变化情况，其中44.37%的农村粮食作物种植比例有所减少，43.68%的农村粮食作物种植

比例基本保持不变，仅有 11.95% 的农村粮食作物种植比例有所提高，这说明农户种粮的积极性整体有所下降。

（2）样本农村非农占用耕地的原因

从被调查农村非农占用耕地的原因来看，宅基地增加是最主要的原因，占 50.2%；其次是公路占地，占 25.7%；工业（城镇）占地为 20.7%，如图 4－2 所示。

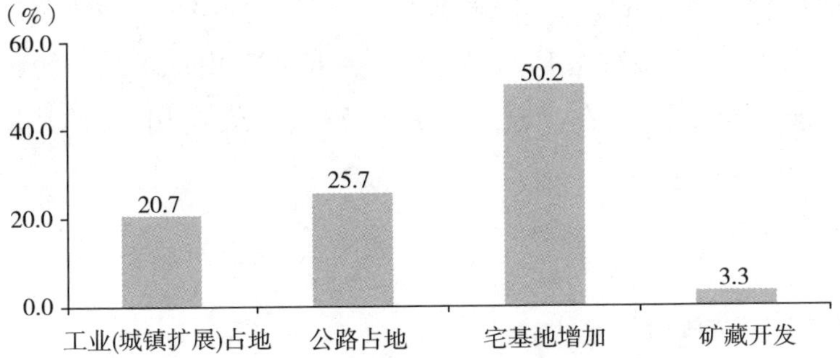

图 4－2　样本农村非农占用耕地的原因

（3）样本农村有机肥料（农家肥）使用情况

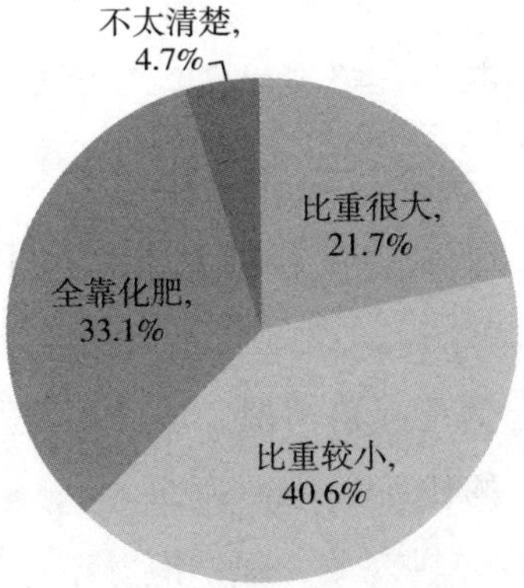

图 4－3　样本农村有机肥料（农家肥）使用情况

从被调查农村耕地有机肥料（农家肥）使用情况来看，“比重较小”所占比重最高，为 40.6%；其次是“全靠化肥”，占 33.1%；然后是“比重很大”，占 21.7%；“不太清楚”占 4.7%，如图 4－3 所示。农家肥使用近些年有逐渐减少的趋势，农家肥的减少会造成土壤生态条件的恶化，降低生产能力。由于农家肥需要耗费较多的体力劳动，在农村劳动力流失的情况下，农家肥使用减少是很正常的，但是这对农业长远发展却十分不利。

（4）样本农村举家外出打工农户的耕地处理情况

从被调查农村举家外出打工农户的耕地处理情况来看，73.6%的农户将其耕地转租给别人耕种，无偿给别人耕种的占16.3%，转租给别人非农使用的占5.9%，撂荒占4.1%，如图4－4所示。由此可见，转租是土地流转的主要形式，且存在少量“转租给别人非农使用”及“撂荒”的现象。

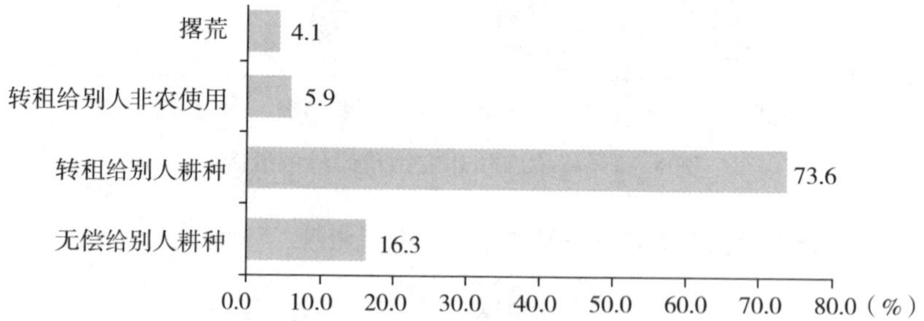

图4－4　样本农村举家外出打工农户的耕地处理情况

（5）样本农村耕地“撂荒”弃耕情况

从被调查农村耕地“撂荒”弃耕情况来看，外出打工农户选择转租耕地所占比例最大，为44.9%；其次是“存在撂荒弃耕情况，但较小”，所占比例为42.8%；“没有撂荒弃耕情况，改作其他用途”的比例为7.2%；“撂荒弃耕情况很普遍”的比例最小，为5.1%，如图4－5所示。由此可见，农村虽存在耕地撂荒弃耕现象，但情况并不严重。

（6）样本农村在当地雇人干活的难易程度

从被调查农村农忙时雇人干活的难易程度情况来看，“不好找”占51.6%，“还可以”占40.5%，“很容易”占7.9%，如图4－6所示。由此可见，大多数农村比较缺乏劳动力，青壮劳动力大多选择了外出务工。

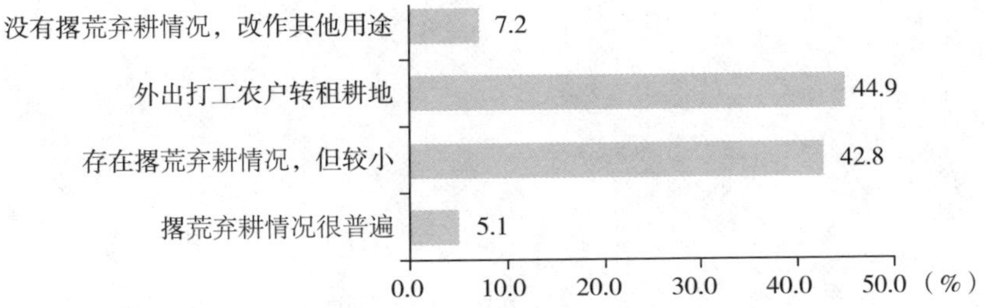

图 4－5　样本农村耕地撂荒弃耕情况

图 4－6　样本农村雇人干活的难易程度

（7）样本农村阻碍农民耕种积极性的障碍

从被调查农村影响农民耕种积极性的因素来看（多选），最主要的 4 个障碍是种粮收入太低、外出务工收入更高、水利等基础设施差和劳动力不足，被选中的比例分别为 39. 17%、28. 47%、12. 36% 和 10. 42%，如图 4－7 所示。影响农民耕种积极性的其他因素主要有成本高、农业经营自然危险高、干农活太累、价格活动大、人均耕地面积少、缺乏农业技术等。

（8）样本农村的水利设施情况

从被调查农村的水利设施情况来看，48. 4% 的农村水利设施一般，水利设施非常差占比为 21. 8%，然后依次是较好，占 15. 3%，损毁老化严重，占 11. 8%，非常完好，占 2. 8%，具体情况如图 4－8 所示。

（9）样本农村农田水利设施修建、维修方式

从被调查农村农田水利设施修建、维修方式情况来看，没人管理所占比例最高，为 20. 0%；其次是集体组织修建，占 17. 1%，然后依次是农户

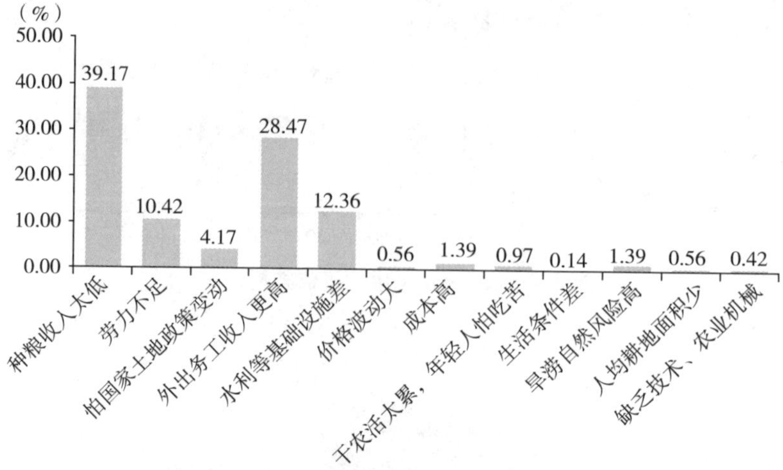

图4-7　样本农村阻碍农民耕种积极性的因素

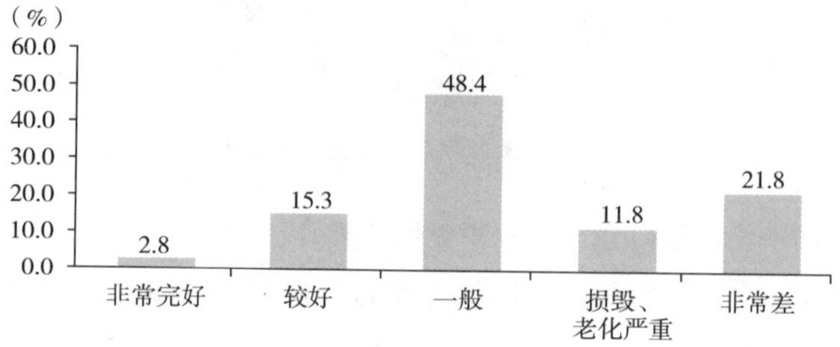

图4-8　样本村庄的水利设施情况

出钱，占16.7%，政府与农民共同投资，占16.5%，全部政府投资占15.3%，几个农户合伙修建，占11.4%，农业合作社修建占1.7%，具体情况如图4-9所示。

（10）样本农村改革开放前的主要产业

从被调查农村改革开放前的主要产业情况来看，粮食作物的比例最高，占86.6%，其次是经济作物占6.6%，养殖占4.4%，村办企业占1.5%，其他占0.9%，如图4-10所示。

（11）样本农村家庭致富的途径

从样本农村家庭致富途径选择情况来看，“靠手艺活外出打工致富”

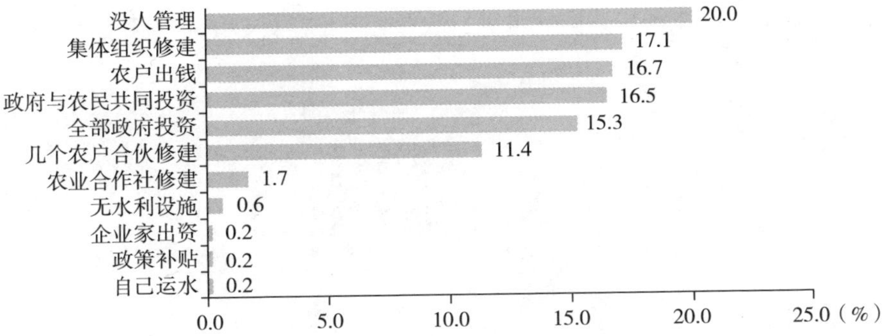

图 4－9　样本农村农田水利设施修建、维修方式

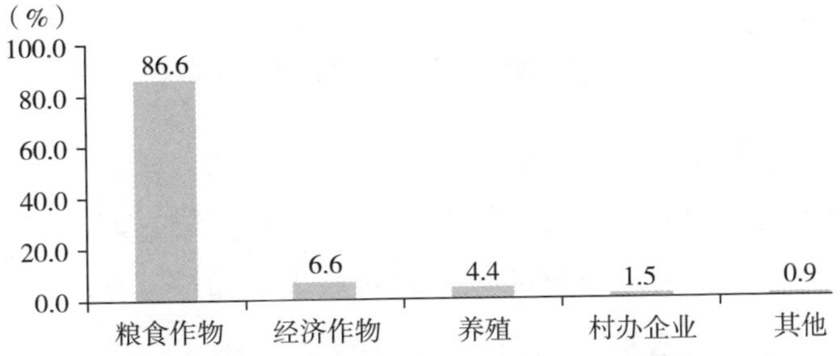

图 4－10　样本农村改革开放前的主要产业

所占比例最高，占 35. 7%；其次是“子女外出打工致富”，占 34. 2%；再次是“依靠手艺、家庭副业致富”，占 18. 8%；最后是“搞运输、承包工程致富”，占 11. 3%。由此可见，农民致富的主要方式是外出务工。

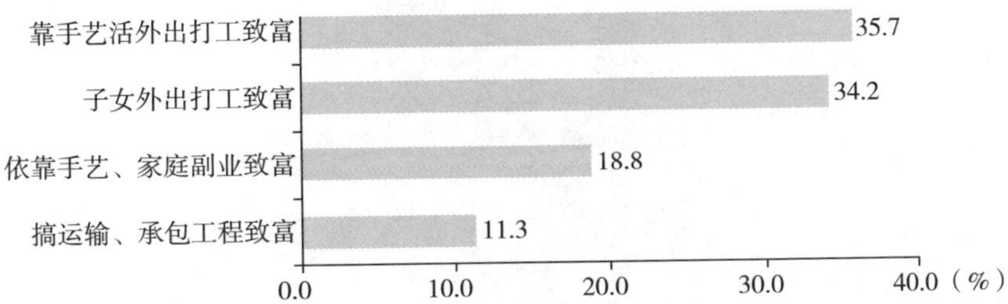

图 4－11　样本农村家庭致富的途径

（12）样本农村常年在家务农的群体分布

从被调查农村在家务农的群体分布情况来看，老年人的比例最高，为 52. 6%，其次是妇女，占 35. 5%，青壮年劳动力占 10. 6%，未成年孩子占

1.3%，如图4-12所示。由此可见，农业经营的主体以老年人和妇女为主。

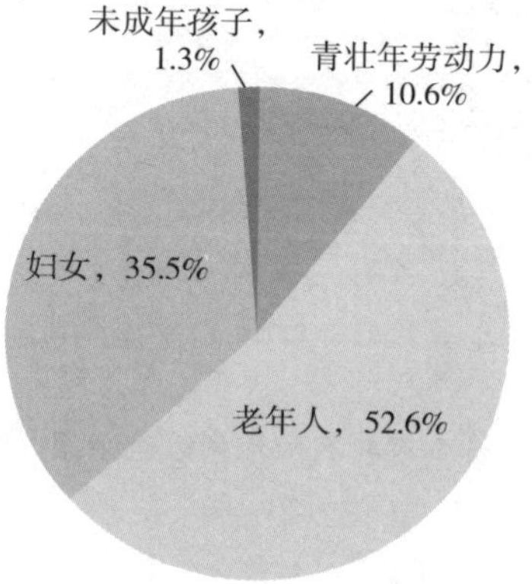

图4-12 常年在家务农的群体分布情况

（13）样本农村家庭农场开办情况

从被调查农村对家庭农场的了解与开办情况来看，52.8%的被调查对象对家庭农场不了解；39.5%的被调查对象表示知道家庭农场，但没有人开办；有人开办家庭农场的农村只占7.7%，如图4-13所示。调查结果表明，家庭农场在农村属于新生事物，只有少数农村有农户申请注册家庭农场。

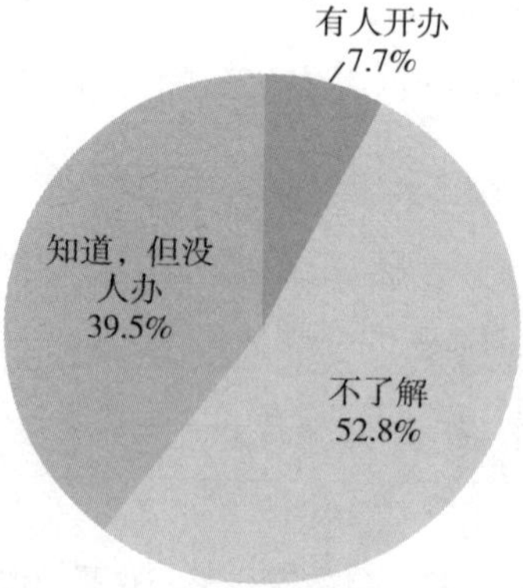

图4-13 对家庭农场的了解及开办情况

（14）样本农村农民享受的优惠政策

从被调查农村农民享受的优惠政策来看，免农业税、免上缴、粮食直补和农机具购置补贴是目前农村普遍享受的优惠政策，自然灾害保险补贴和大面积承包地补助所占比例较小，具体情况如表4－1所示。

表4－1　农民享受的优惠政策频率

		响应		个案数的百分比（%）
		N	百分比（%）	
优惠政策	免农业税	435	29.7	100.0
	免上缴	435	29.7	100.0
	粮食直补	361	24.7	83.0
	农机具购置补贴	219	15.0	50.3
	大面积承包地补助	1	0.1	0.2
	自然灾害保险补贴	12	0.8	2.8
总计		1463	100.0	336.3

资料来源：调研所得。

（15）取消农业税和增加种粮补贴对农民的影响

从被调查农村取消农业税和增加种粮补贴对农民的影响情况来看，49.64%的被调查对象认为取消农业税和增加种粮补贴能够调动农民的种粮积极性；39.53%的被调查对象认为补助太低，抵不上种田的成本上升；10.84%的被调查对象认为取消农业税和增加种粮补贴对调查农民种粮粮食性的影响不大，如图4－14所示。

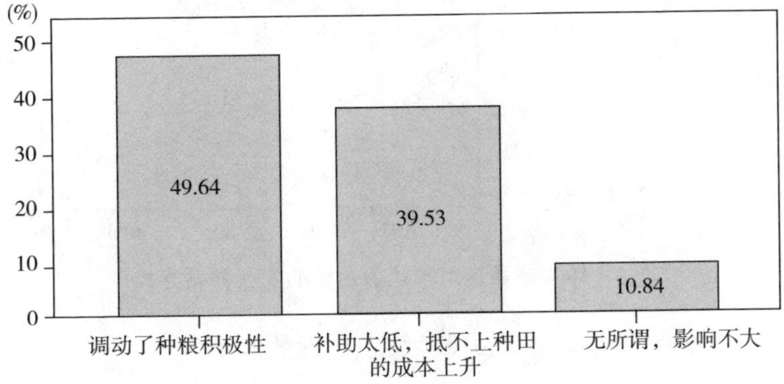

图4－14　取消农业税和增加种粮补贴对农民的影响情况

（16）政府的农业补贴方式

如图 4－15 所示，按田亩数即按农户承包的耕地数进行补贴是目前政府农业补贴的主要方式，占 81.4%。从被调查农村农户认为合理的补贴方式来看，41.2%的被调查对象认为应该按“家庭人口”进行补贴，36.5%的被调查对象认为应该按“土地面积”进行补贴，按“种植面积”进行补贴的比例占 9.0%，按“土地面积与家庭农业人口数相结合”进行补贴的比例占 6.2%，按“出售粮食数”进行补贴的比例占 4.7%，按“粮食价格”进行补贴的占 1.4%，根据“农机具购买、水利建设”进行补贴的比例占 0.9%，如图 4－16 所示。

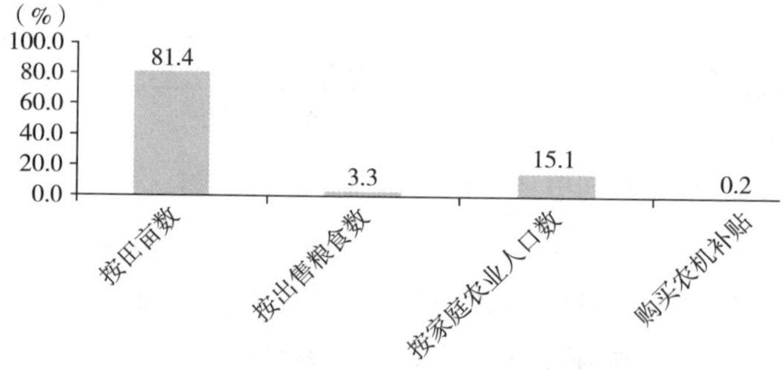

图 4－15　政府的农业补贴方式

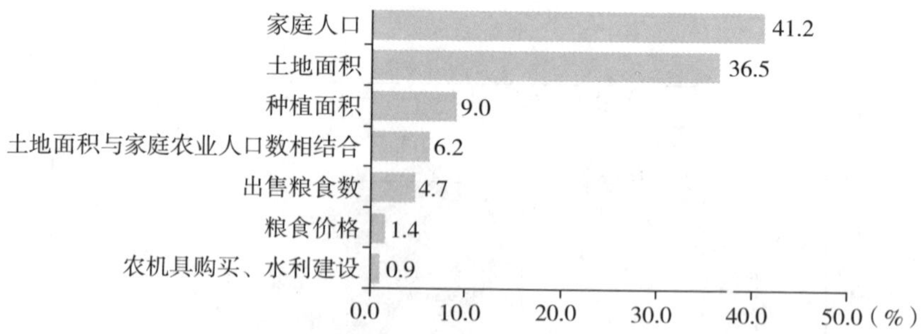

图 4－16　被调查对象认为合理的农业补贴方式

（17）样本农村认为调动农民种粮积极性的政策

从被调查农村调动农民种粮积极性的政策需求来看，“农资（良种）补贴，加强对农贸市场管理，降低粮食生产成本”“提高粮食价格”和

“方便农民购买生产资料和销售粮食，解决农民后顾之忧”的需求最大，比例分别为28.1%、27.3%、21.9%和18.1%。其他政策需求按比例大小依次为：“积极修建农田水利设施”“技术支持和专家指导”“农田集中”“加强对农村基础设施的建设”“城乡居民享受同等待遇”“种粮保险支持”“贷款支持”和“提高农机购买补助”。

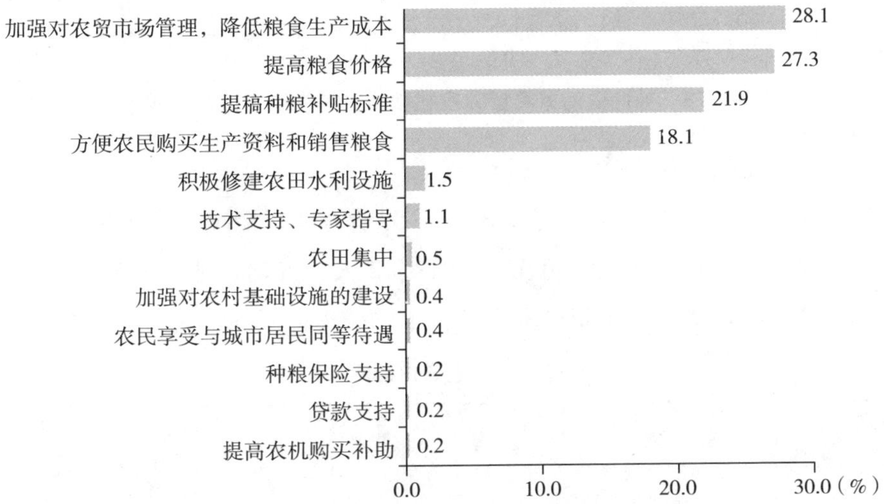

图4-17　被调查对象认为调动农民种粮积极性的政策

（18）样本农村希望政府在粮食种植中制定落实的政策

从被调查农村希望政府在粮食种植中制定落实的政策来看，最希望得到政策支持的是“对种粮农民给予更多扶持”“加大对农业基础设施投入”“农民可与城市居民一样享受社会福利”和“加大农业补贴力度”，比率分别为28.3%、24.2%、23.7%和22.3%；“提高农资补贴、降低粮食生产成本”“保护粮价”“加大水利设施投入”“拓宽农产品销售渠道”“鼓励种粮大户规模化经营”“解除粮食减产问题的顾虑”也是比较重要的政策需求。

4.1.3　农户粮食生产状况调查问卷整理分析

关于农户的调查问卷覆盖了全国24个省份136个县的332个乡镇，共发放问卷500份，获得有效问卷490份，有效回收率98%，数据真实有

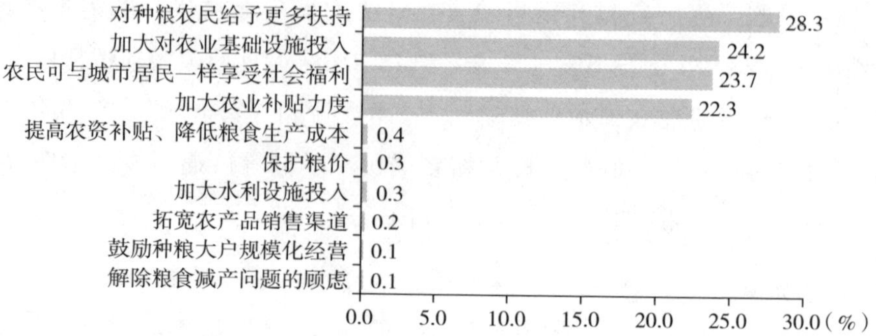

图 4－18　被调查对象希望政府在粮食种植中制定落实的政策

效，具有一定的普遍性。

表4－2 描述了样本农户家庭人口、劳动力基本情况。从中位数来看，家庭人口规模平均5 人，家庭劳动力平均2 人，人均耕地1.3 亩，在家务农的劳动力平均2 人，半年以上在外打工的劳动力平均1 人。

表 4－2　被调查农户的基本特征

		家庭人口规模	家庭劳动力数量	人均耕地（亩）	在家务农的劳动力	半年以上在外打工的劳动力	短期外出打工的劳动力
N	有效	490	490	490	490	490	490
	缺失	0	0	0	0	0	0
平均值		4.82	2.65	2.08	1.62	1.00	0.62
中位数		5	2	1.3	2	1	0
众数		4	2	1	2	1	0
方差		1.490	1.288	37.606	0.787	0.727	0.562
最小值		2	1	0	0	0	0
最大值		12	7	130	6	6	6

资料来源：调研所得。

（1）样本农户家庭基本情况

从被调查农户家庭规模来看，户均家庭人口数量为4.82 人，最小的农户家庭为1 人，最大的农户家庭为12 人。人口数量为1～2 人的家庭主要是一些与子女分家、年龄较大的家庭；人口比较多的家庭主要是由于父母没有与子女分家。从表4－3 中可以看出，样本农户家庭人口规模为4 人的比例最高，为35.3%；其次是5人，占31.2%；6人，占16.1%；3人，占8.2%；7人，占5.5%；其他，占3.7%。由此可见，农户家庭人口规模大多数为4~5人。

表4-3　样本农户家庭人口规模情况

家庭人口数量	2	3	4	5	6	7	>8	合计
频率	5	40	173	153	79	27	13	490
百分比（%）	1.0	8.2	35.3	31.2	16.1	5.5	2.7	100

资料来源：调研所得。

从被调查农户家庭拥有的劳动力数量来看，平均每个农户家庭拥有2.65个劳动力。农户家庭最少拥有1个劳动力，最多拥有7个劳动力，从表4-4中可以看出，家庭劳动力数量为2人的比例最大，占51.4%，其次是3人，占18.2%，然后依次是4人，占13.9%；1人，占8.2%；5人，占6.7%；6人，占1.4%；7人，占0.2%。由此可见，样本农户家庭拥有的劳动力数量主要为2~3人。

表4-4　样本农户家庭劳动力数量

家庭劳动力数量	1	2	3	4	5	6	7	总计
频率	40	252	89	68	33	7	1	490
百分比（%）	8.2	51.4	18.2	13.9	6.7	1.4	0.2	100

资料来源：调研所得。

从被调查农户人均耕地拥有规模来看，平均每个农户家庭拥有耕地2.08亩，被调查样本户中有41.2%的农户人均耕地拥有量为1~2亩，比例最高为41.2%，然后依次是2~3亩，占20.8%；0.5~1亩，占20.2%；3~5亩；占8.4%；5亩以上，占5.5%；0.5亩以下，占3.9%。具体情况如图4-19所示。调查结果表明，样本农户的耕地规模普遍较小。

（2）样本农户家庭劳动力从业情况

从被调查农户家庭在家务农的劳动力数量来看，平均每个农户家庭在家务农的劳动力数量为1.62人。其中，有2个劳动力在家务农的家庭比例最高，为48.8%，其次是1人，占36.5%，其他占14.7%。

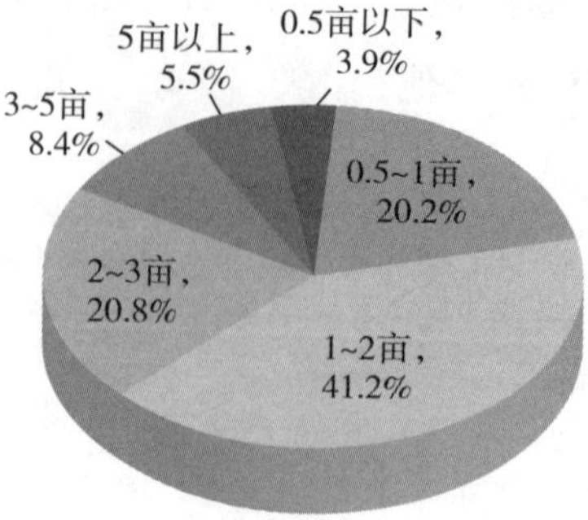

图 4－19　被调查农户人均耕地拥有量

资料来源：调研所得。

从被调查农户家庭半年以上在外打工的劳动力数量来看，平均每个农户家庭半年以上在外打工的劳动力数量为 1 人。其中，有 1 个劳动力半年以上在外打工的家庭比例最高，为 41.4%，其次是 0 人，占 33.1%，2 人，占 19.8%，其他占 5.7%。

从被调查农户家庭短期外出打工的劳动力数量来看，平均每个农户家庭短期外出打工的劳动力数量为 0.62 人。其中，没有短期外出打工劳动的家庭比例最高，为 50.4%，其次是 1 人，占 39.0%，2 人，占 9.0%，其他占 1.6%。具体情况如表 4－5 所示。由此可见，家庭劳动力中在家务农的劳动力居多，半年以上在外打工的劳动力数量比短期外出打工的劳动力数量多。

表 4－5　样本农户家庭劳动力从业情况（%）

	0 人	1 人	2 人	3 人	4 人	5 人	6 人	合计
在家务农的劳动力	6.7	36.5	48.8	5.3	1.4	1.0	0.2	100
半年以上在外打工的劳动力	33.1	41.4	19.8	4.3	1.0	0.0	0.4	100
短期外出打工的劳动力	50.4	39.0	9.0	1.4	0.0	0.0	0.2	100

资料来源：调研所得。

（3）样本农户种地的主要目的

从被调查农户种地的主要目的可以看出，目的为“解决自家吃饭剩余之外，卖出一些”的比例最大，占 58.8%，其次是“作为主要经济收入”，占21.0%，“解决自家吃饭”，占15.5%，其他占4.7%，如图4-20所示。由此可见，农业种粮的动机并不相同，一类为自给，通过种粮以获得口粮，解决自家吃饭问题；第二类为解决自家吃饭外，同时销售余粮作为家庭补充收入；第三类以种粮作为主要收入来源，主要为种粮大户。

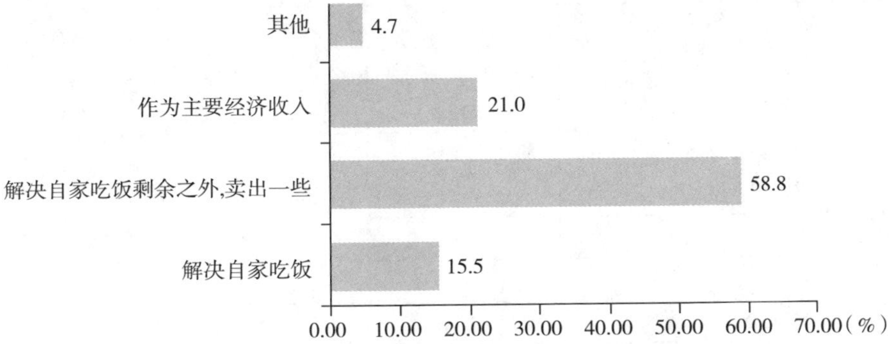

图4-20　被调查农户种地的主要目的

（4）粮食生产在家庭收入中的重要程度

从被调查农户粮食生产在家庭收入中的重要程度来看，选择“重要”的比例最高，占56.5%，其次为“占比很小”，占26.7%，“不重要”占12.9%，“可以忽略”占3.9%，如图4-21所示。总体来看，在样本农户家庭收入中，种粮收入的重要性比较高。

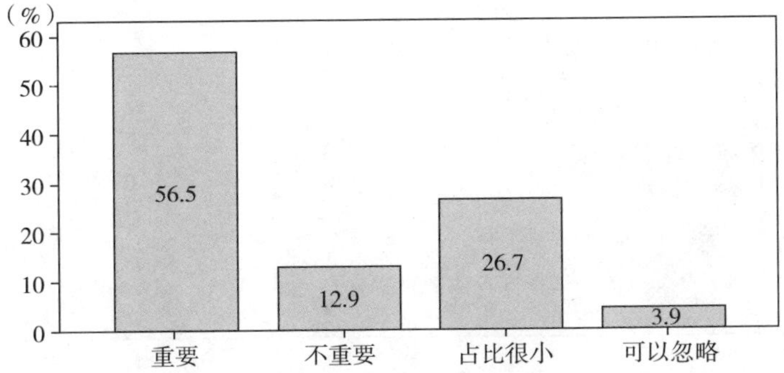

图4-21　粮食生产在被调查农户家庭收入中的重要程度

（5）样本农户家庭主要收入来源

从被调查农户家庭主要收入来源来看，外出打工收入是最主要的收入来源，占43.2%；其次是种粮收入，占37.9%；经济作物，占7.7%；养殖收入，占6.8%；其他，占4.4%，具体情况如表4－6所示。由此可见，外出务工收入已成为农户家庭收入的第一来源。

表4－6　样本农户家庭主要收入来源频率分布

		响应		个案数的百分比（%）
		N	百分比（%）	
主要收入来源	种粮收入	216	37.9	44.3
	经济作物（果、蔬、中药等）收入	44	7.7	9.0
	养殖收入	39	6.8	8.0
	外出打工收入	246	43.2	50.4
	其他	25	4.4	5.1
总计		570	100.0	116.8

资料来源：调研所得。

（6）样本农户近几年耕种土地收入增加情况

从被调查农户近几年耕种土地收入增加情况来看，有38.4%被调查农户选择“无明显变化”，37.8%的被调查农户选择“有所增加”，其次是“有所减少但不多”，占10.8%，“增加很多”，占6.7%，“减少较多”，占6.3%，如图4－22所示。

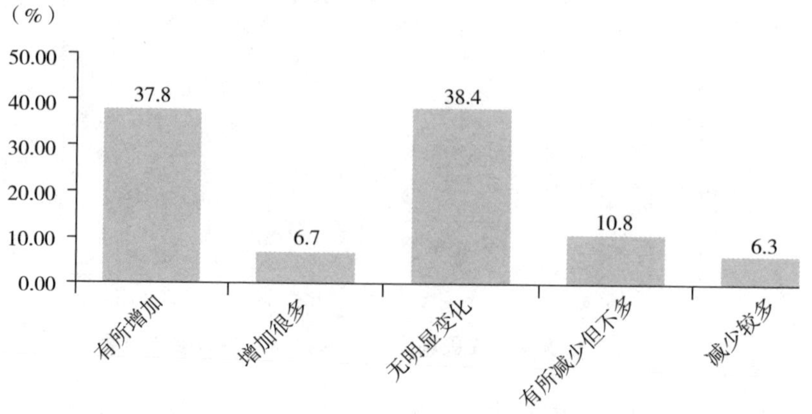

图4－22　样本农户近几年耕种土地收入增加情况

（7）样本农户近几年农业收入上升的原因

从被调查农户近几年农业收入上升的原因来看，政府支持与补贴是最主要的原因，占 50.4%；第二个原因是加大了农业投入，占 28.9%；第三个原因是使用了新技术，占 13.9%；第四个原因是增加了耕地面积，占 6.8%，如图 4－23 所示。由此可见，政府的支持与补贴对增加农民收入具有很大的促进作用。

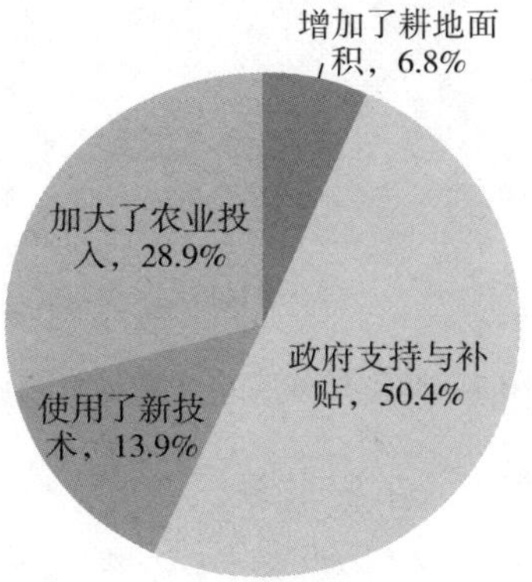

图 4－23　样本农户近几年农业收入上升的原因

（8）样本农户近几年农业收入下降的原因

从被调查农户近几年农业收入下降的原因来看，农业资料（如化肥、农药、种子）等价格上涨过快是最主要的原因，占 50.2%；粮食价格较低是第二原因，占 19.2%；第三个原因是自然灾害的影响，占 18.3%；第四个原因是政府补贴较低，占 7.6%；最后一个原因是农业投入减少，占 4.7%，具体情况如图 4－24 所示。

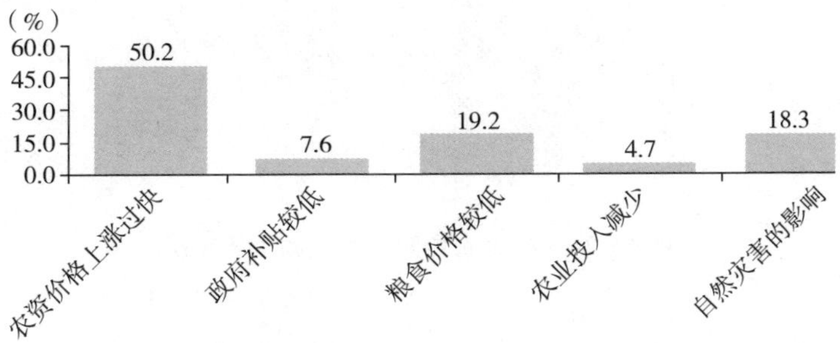

图 4－24　样本农户近几年农业收入减少的原因

（9）样本农户生活粮食来源

从被调查农户的生活粮食来源来看，农户业自产占 84.1%，购买占 12.6%，其他占 3.3%，如图 4－25 所示。

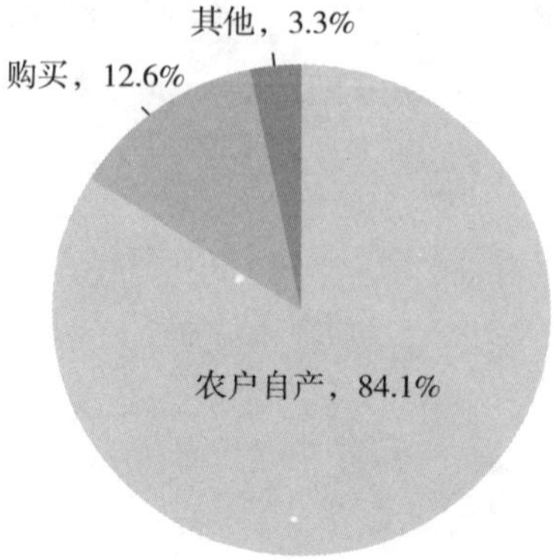

图 4－25　样本农户生活粮食来源

（10）样本农户经济收入主要来源

从被调查农户经济收入主要来源来看，外出务工收入的比例占 45.9%，种粮收入占 33.8%，经济作物收入占 12.7%，工资性收入占 7.7%，如图 4－26 所示。调查结果表明，外出务工收入成为农民家庭收入的主要来源，随着生产资料价格和农村劳动力成本的快速上涨，种粮比较收益不断下降，很多农民选择外出务工。

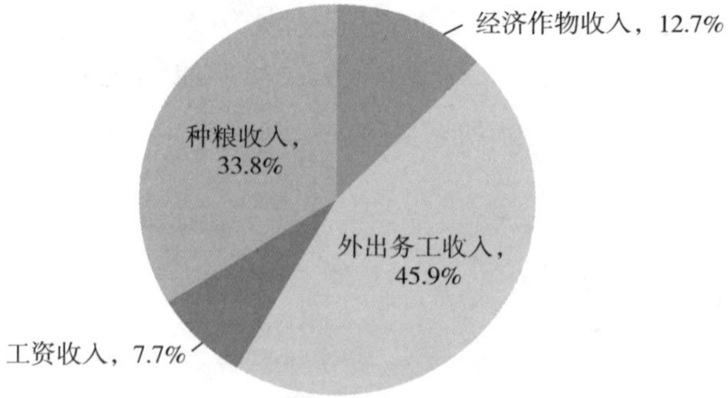

图 4－26　样本农户经济收入的主要来源

（11）样本农户种粮收益在家庭总收益中的比重

从被调查农户种粮收益在家庭总收益中的比重来看，种粮收益在家庭总收益中的比重达到50%以上的占22.2%，10%以下的占16.9%，具体情况如图4－27所示。

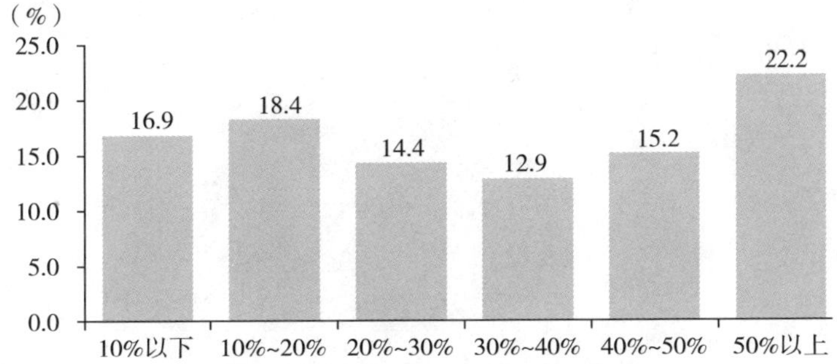

图4－27　种粮收益在家庭总收益的比重

（12）样本农户的种粮成本

从被调查农户的种粮成本分布来看，化肥、种子和农药所占的比重较大，分别为29.2%、26.9%和25.2%，其次是播种、收割占6.2%，农机、农有工具占5.3%，水电占2.8%，劳动力占2.6%，汽柴油占1.2%，耕地占0.5%，具体情况如图4－28所示。

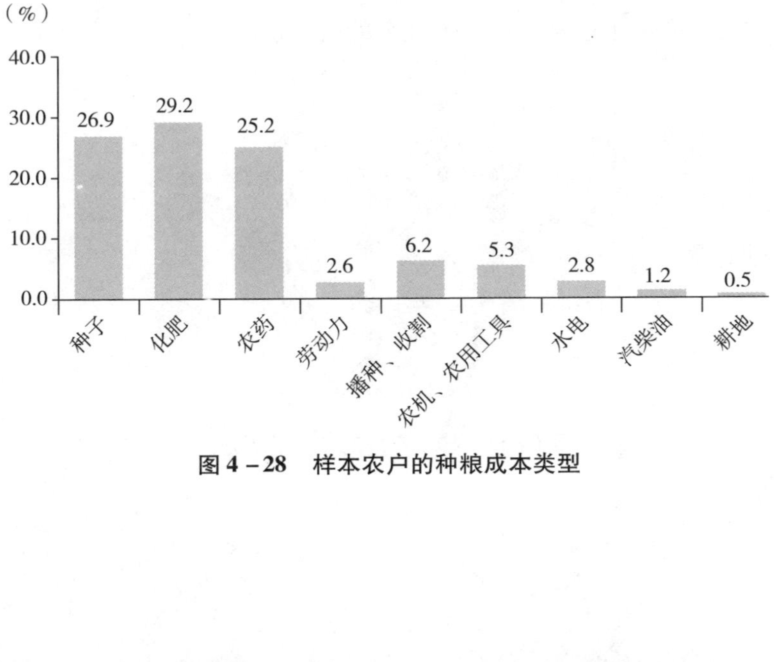

图4－28　样本农户的种粮成本类型

（13）样本农户对粮价的看法

从被调查农户对粮价的看法来看，59.0%的农户认为粮食偏低，31.0%的农户粮价基本合适，5.6%的农户表示不知道，4.4%的农户认为粮价偏高，如图4－29所示。

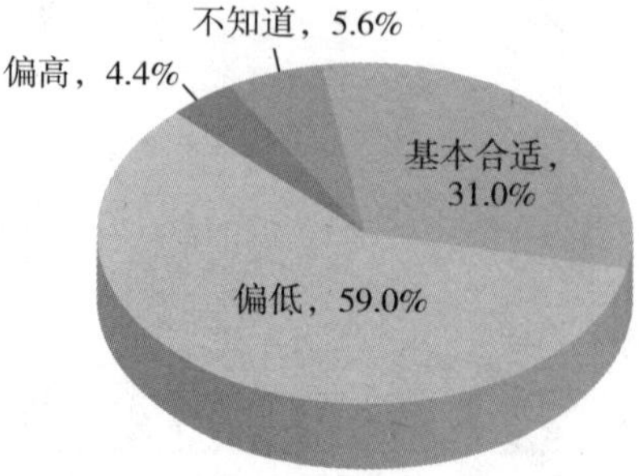

图4－29　样本农户对粮价的看法

（14）样本农户种粮投入中劳动力的变化情况

从被调查农户种粮投入中劳动力的变化情况来看，54.5%的农户投入劳动力与往年基本保持一致，32.4%的农户投入劳动力与往年相比有所减少，10.8%的农户表示投入的劳动力有所增加，如图4－30所示。农业劳动力的减少一方面可能会导致土地粗放经营、耕地撂荒等问题，另一方面，当大量劳动力转移以后，将促进土地流转供给的增加，为其他愿意经营农业的农户提供了粮食适度规模经营的机会。

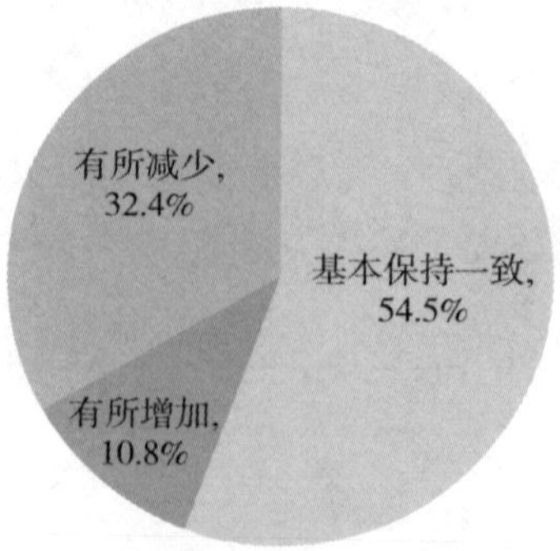

图4－30　样本农户对粮价的看法

(15) 样本农户开办家庭农场的意愿及原因

从被调查农户开办家庭农场的意愿来看，50.9%的农户表示不愿意开办家庭农场，37.2%的农户表示愿意开办家庭农场，11.9%的农户表示不清楚，如图4-31所示。

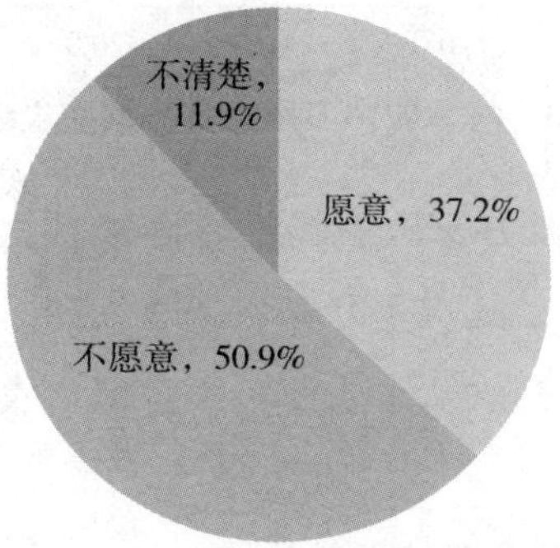

图4-31 样本农户开办家庭农场的意愿

从被调查农户不愿意开办家庭农场的原因来看，种粮成本高、缺乏资金是最主要的原因，占23.8%；然后依次是种粮收入低，占9.9%；务农太辛苦，占9.9%；种粮风险高，占9.0%；缺乏劳动力，占7.7%；不愿留在农村、希望融入城市，占7.7%；缺乏技术，占7.1%；缺乏管理能力，占6.2%；土地少，占6.2%；不了解家庭农场收益前景，占4.6%；外出打工收入高，占4.0%；缺少政策支持，占2.8%；水利等基础设施差，占1.2%。具体情况如图4-32所示。

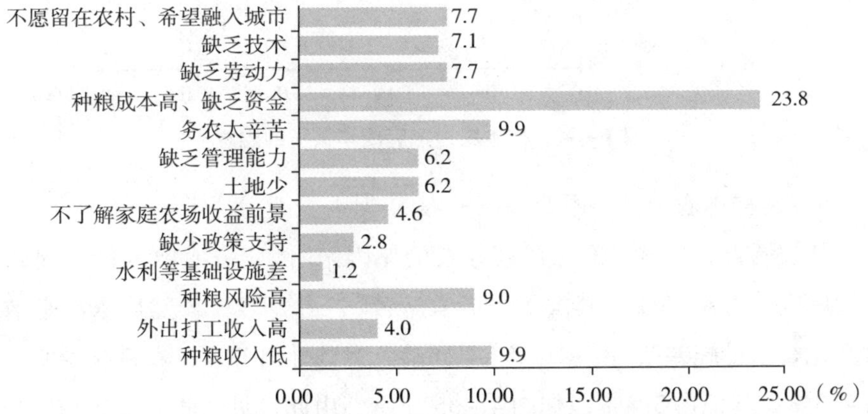

图4-32 样本农户不愿意开办家庭农场的原因

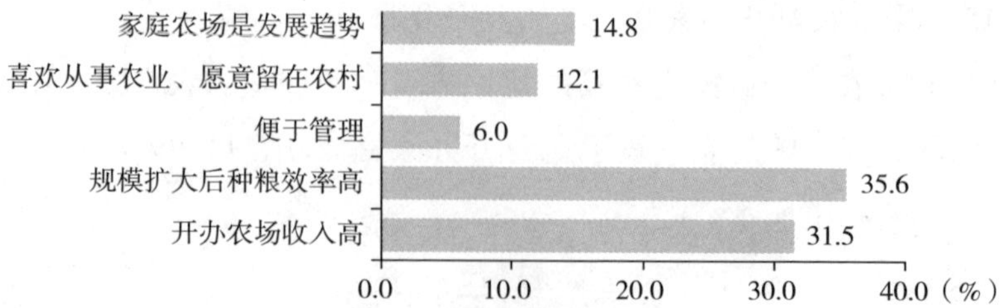

图 4－33 样本农户不愿意开办家庭农场的原因

从被调查农户愿意开办家庭农场的原因来看，规模扩大后种粮效率高的比例最高，占 35.6%，其次是开办农场收入高，占 31.5%，家庭农场是发展趋势，占 14.8%，喜欢从事农业、愿意留在农村，占 12.1%。具体情况如图 4－33 所示。

（16）样本农户家庭成年孩子的愿意

从被调查农户家庭成年孩子的意愿来看，外出打工为第一意愿，占 42.8%，其次是自己做生意，占 40.6%，大学毕业后在城市找工作的占 6.3%，在家务农的比例为 5.5%，其他占 4.8%，如图 4－34 所示。由此可见，大多数农户不愿自己的孩子从事农业。

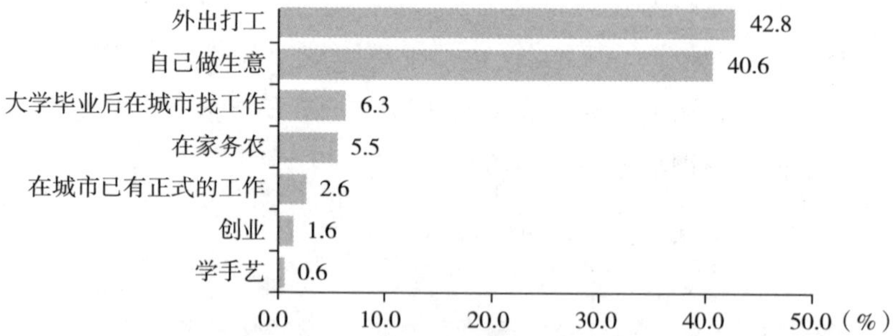

图 4－34 样本农户家庭成年孩子的愿意

（17）样本农户孩子不愿在家务农的原因

从被调查农户孩子不愿在家务农的原因来看，“务农收入低”是最主要的原因，占 46.5%，其次是“务农辛苦”，占 29.2%，然后依次是“农村文化娱乐设施差”，占 12.7%，“同龄人多数外出务工，农村缺少朋友”，占 7.8%，其他占 3.8%，如图 4－35 所示。由此可见，收入是影响农户孩子是否从事农业的首要因素。

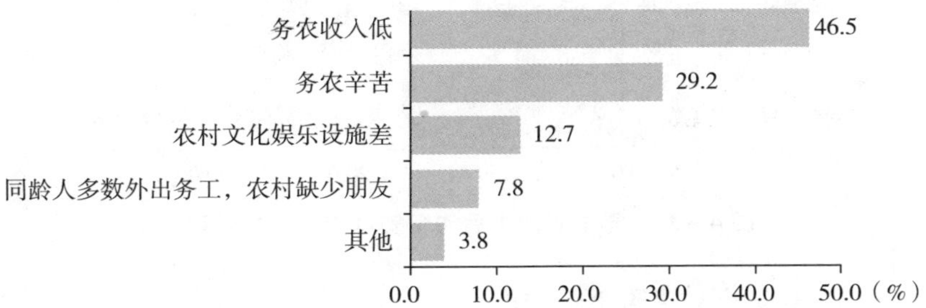

图 4－35　样本农户孩子不愿在家务农的原因

（18）如果在家务农收入与外出打工收入差不多，在家从事农业生产的意愿

在询问农户如果在家务农收入与外出打工收入差不多，是否愿意从事农业生产时，70.4% 的农户回答愿意，29.6% 的农户回答不愿意，如图 4－36所示。

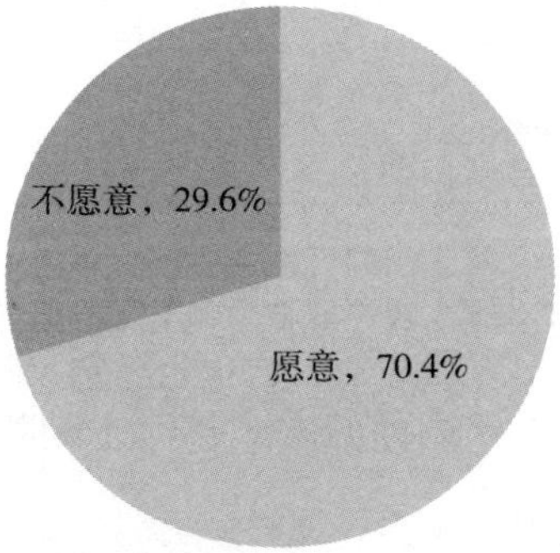

图 4－36　在家务农收入与外出打工收入差不多时，在家务农的意愿

（19）样本农户今后如何安排粮食种植面积

从被调查农户今后如何安排粮食种植面积来看，34.6% 的农户表示“种粮比较效益偏低，不想扩种”，30.1% 的农户表示“想扩种，但无农田”，27.4% 的农户表示“劳力不足，无法扩种”，7.9% 的农户表示“肯定扩种”，如图 4－37 所示。

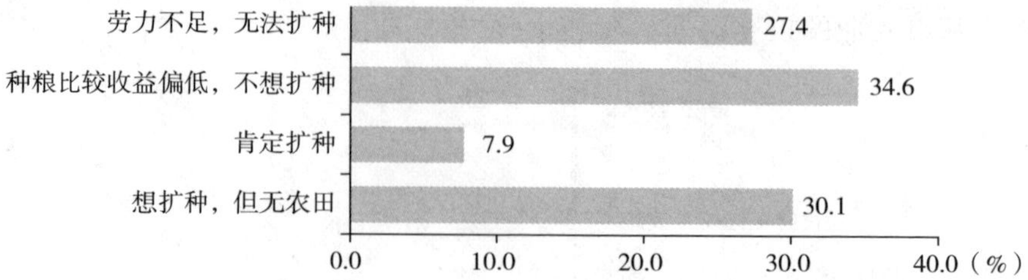

图 4－37　样本农户今后如何安排粮食种植面积

（20）样本农户对自家承包地的经营方式

从被调查农户愿意以何种方式经营承包地来看，47.9%的农户表示打算“自己经营”，29.5%的农户表示要“转包或出租给别人”，11.8%的农户表示要“参与土地入股”，10.7%的农户表示打算“转入更多的土地”，如图 4－38 所示。

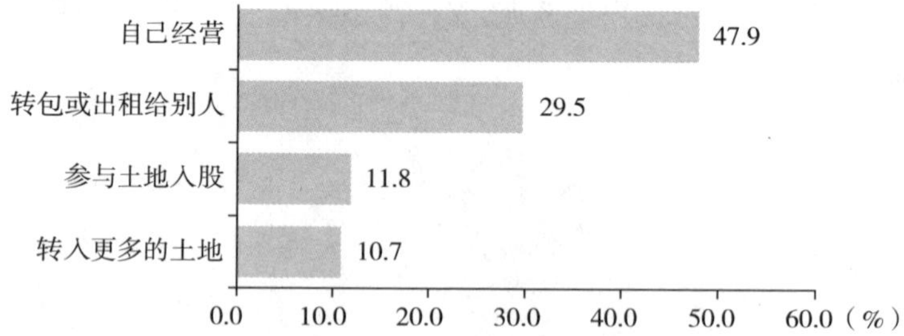

图 4－38　样本农户对自家承包地的经营方式

（21）样本农户愿意以什么样的方式扩大土地耕种面积

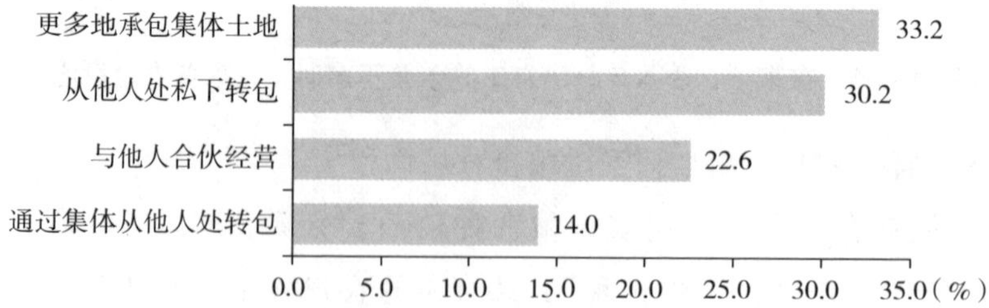

图 4－39　样本农户扩大土地耕种面积的方式选择

从被调查农户愿意以何种方式扩大土地耕种面积来看，33.2%的农户选择“更多地承包集体土地”，30.2%的农户选择“从他人处私下转包”，

22. 6% 的农户选择“与他人合伙经营”，14. 0% 的农户选择“通过集体从他人处转包”，如图 4－39 所示。

（22）与过去比较，样本农户享受的优惠政策

从被调查农户样本农户享受的优惠政策来看，“免农业税”占 42. 8%，“免上缴”占 35. 0%，“农机具购置补贴”占 21. 2%，其他优惠政策有修路、修建水利设施、农业保险补贴和良种补贴等，具体情况如图 4－40 所示。

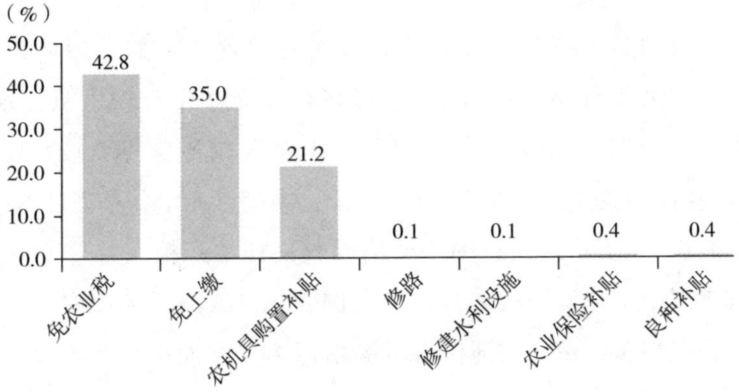

图 4－40　农户享受过的优惠政策

（23）样本农户希望政府在粮食种植中制定落实的政策

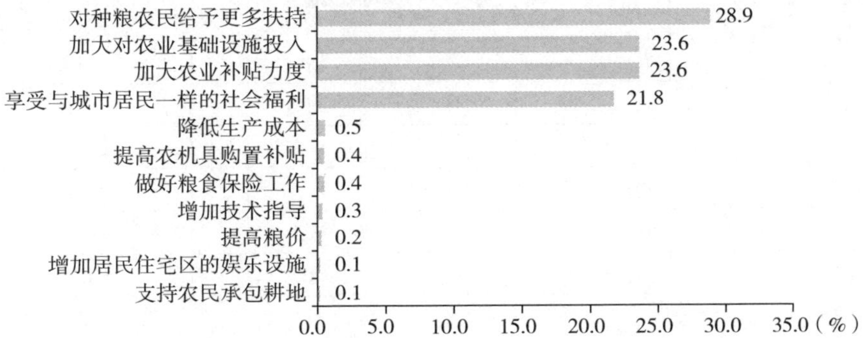

图 4－41　样本农户希望政府在粮食种植中制定落实的政策

从被调查农户希望政府在粮食种植中制定落实的政策来看，对种粮农民给予更多扶持的比例最高，占 28. 9%，其次是加大对农业基础设施投入，占 23. 6%，加大农业补贴力度，占 23. 6%，享受与城市居民一样的社

会福利，占21.8%，农户希望的其他政策包括降低生产成本、提高农机具购置补贴、做好粮食保险工作、增加技术指导、提高粮价、增加居民住宅区的娱乐设施和支持农民承包耕地，具体情况如图4-41所示。

4.2 产粮大县对粮食产业的定位和发展目标调查

4.2.1 调查目的、调查方法及数据收集

调查的目的是了解产粮大县地方政府对粮食产业的发展认识和积极性。调查方法采用分层抽样方法①，即将全国800个产粮大县按所属省、市、自治区分为31个子总体②，然后从31个区域各自的产粮大县中随机抽取50个县作为调查样本，主产区31个，主销区8个，平衡区11个，样本分布如表4-7所示。通过网络或信函收集样本产粮大县“十二五”规划，在其规划中，从发展战略、三产比例变化、战略任务中农业所处的位置以及是否有粮食产量、耕地保有量等指标4个方面探寻产粮大县对粮食生产的基本认识。

表4-7 50个样本产粮大县及分布情况

地区	样本单位数量	产粮大县	地区	样本单位数量	产粮大县
北京	1	大兴区	湖北	1	天门市
天津	1	武清区	湖南	1	宁乡县
河北	2	宁晋县、定州市	广东	1	廉江县
山西	1	朔州市朔城区	广西	1	武鸣县
内蒙古	1	开鲁县	海南	1	琼海市
辽宁	1	昌图县	重庆	1	开县

---

① 分层抽样也称类型抽样或分类抽样，它是在对总体有一定认识的基础上，按与调查目的有关的主要标志将总体各单位分成不同子总体（或称为层）（如本例是按地区进行分类），然后分别从每一子总体（层）中按随机原则抽取一定的单位构成样本。

② 因无法获得《全国新增1000亿斤粮食生产能力规划（2009—2020）》选出的800个产粮大县的名单，本项目选择历年《农业部关于表彰全国粮食生产先进单位和个人的决定》中所表彰的来自31个省、市、自治区的全国粮食生产先进县作为总体来抽取样本。

续表

地区	样本单位数量	产粮大县	地区	样本单位数量	产粮大县
吉林	3	榆树市、九台市、东丰县	四川	1	仁寿县
黑龙江	7	龙江县、五常市、巴彦县、肇州县、林甸县、绥化市、宝清县	贵州	1	纳雍县
上海	1	崇明县	云南	1	祥云县
江苏	3	射阳县、睢宁县、邳州市	西藏	1	日喀则市
浙江	1	平湖市	陕西	1	富平县
安徽	3	霍邱县、涡阳县、蒙城县	甘肃	1	通渭县
福建	2	浦城县、宁化县	青海	1	民和县
江西	2	丰城市、南昌县	宁夏	1	平罗县
山东	3	平原县、郯城县、商河县	新疆	1	奇台县
河南	3	固始县、唐河县、邓州市	合计	50	

资料来源：调研所得。

4.2.2　数据整理与分析

（1）发展战略

在地区国民经济与社会发展规划中，发展战略是关于一个地区如何实现发展的理论体系，是未来5年内地区发展的指导思想、所要达到的目标、发展重点的选择以及所要采取对策的总决策。产粮大县的发展战略主要是在“十二五”规划纲要中的指导思想、坚持原则、奋斗目标、战略定位和战略任务等部分来体现。

50个样本产粮大县的发展战略如表4－8所示，其中明确提出实施“工业强县”战略的产粮大县有30个，所占比例最高，为60.0%；提出实施“三次产业协调发展”战略的产粮大县有13个，比例为26.0%；昌图县、绥化市、涡阳县、固始县提出“农业与工业并重”的发展战略，占8.0%，例如，昌图县的指导思想中提出“以‘农业大县’支撑‘工业强县’”和“建设工业大县、农业强县、中等城市”，绥化市的指导思想中提出“以现代农业综合开发和农区工业化示范区建设为目标”，涡阳县提出实施“以工强县战略”和“推动农业大县向农业强县跨越”；大兴区、平湖市、宁化县提出“工业与服务业并重”战略，占6.0%，例如，大兴区的定位是以高技术制造业、战略性新兴产业和高端服务业集聚发展为特征的产业区域。

表4－8　50个样本产粮大县的发展战略

发展战略	频率	百分比（%）	产粮大县
工业强县	30	60.0	定州市、开鲁县、榆树市、龙江县等
三次产业协调发展	13	26.0	武清区、宁晋县、朔州市朔城区、九台市等
农业与工业并重	4	8.0	昌图县、绥化市、涡阳县、固始县
工业与服务业并重	3	6.0	大兴区、平湖市、宁化县
总计	50	100	

资料来源：调研所得。

从表4－9地区类型与发展战略的交叉表可以明确看出，在粮食主产区的31个产粮大县中，71.0%的产粮大县提出“工业强县”战略，提出三次产业协调发展战略的占16.1%，提出工业与服务业并重的占12.9%；粮食主销区8个产粮大县的战略以实施“三次产业协调发展战略”为主，比例为50.0%；平衡区的11个产粮大县以实施“工业强县”为主，占63.6%。

表4－9　地区类型与发展战略交叉

<table>
<tr><th colspan="3" rowspan="2"></th><th colspan="4">发展战略</th><th rowspan="2">总计</th></tr>
<tr><th>工业强县</th><th>三次产业协调发展</th><th>农业与工业并重</th><th>工业与服务业并重</th></tr>
<tr><td rowspan="6">地区类型</td><td rowspan="2">主产区</td><td>计数</td><td>22</td><td>5</td><td>4</td><td>0</td><td>31</td></tr>
<tr><td>百分比（%）</td><td>71.0</td><td>16.1</td><td>12.9</td><td>0.0</td><td>100</td></tr>
<tr><td rowspan="2">主销区</td><td>计数</td><td>1</td><td>4</td><td>0</td><td>3</td><td>8</td></tr>
<tr><td>百分比（%）</td><td>12.5</td><td>50.0</td><td>0.0</td><td>37.5</td><td>100</td></tr>
<tr><td rowspan="2">平衡区</td><td>计数</td><td>7</td><td>4</td><td>0</td><td>0</td><td>11</td></tr>
<tr><td>百分比（%）</td><td>63.6</td><td>36.4</td><td>0.0</td><td>0.0</td><td>100</td></tr>
<tr><td colspan="2" rowspan="2">总计</td><td>计数</td><td>30</td><td>13</td><td>4</td><td>3</td><td>50</td></tr>
<tr><td>百分比（%）</td><td>60.0</td><td>26.0</td><td>8.0</td><td>6.0</td><td>100</td></tr>
</table>

资料来源：调研所得。

在50个样本产粮大县中，有21个县的规划提出了建设产粮大县、农业强县、现代农业示范中心、粮食生产示范基地等战略目标，占样本容量的比例为42%，具体目标如表4－10所示。其中属于主产区的产粮大县有15个，占样本主产区的比例为48.4%，平衡区的产粮大县5个，占样本平衡区的比例为45.4%，主销区的产粮大县1个，占样本主销区的比例为12.5%。

表4－10　21个产粮大县农业发展目标

产粮大县	地区类型	农业发展目标
宁晋县	主产区	建成绿色农业之乡，把保障粮食安全作为首要目标
朔州市朔城区	平衡区	建设国家级粮食大县
昌图县	主产区	实现农业大县向农业强县的跨越
榆树市	主产区	以建设国家级水准的现代农业示范区为目标
九台市	主产区	打造国内一流的绿色农业示范区和综合性农业科研区
龙江县	主产区	稳定“中国小麦之乡”、国家商品粮基地县的基础地位，建成国家农产品主产区
绥化市	主产区	建设国家级重要粮食生产暨绿色食品生产基地
五常市	主产区	以建设国家现代农业示范区为目标
睢宁县	主产区	全国粮食生产先进县
涡阳县	主产区	建设全国优质农产品生产加工基地
蒙城县	主产区	打造成为高效农业生产基地，以粮食安全作为农业生产的底线
浦城县	主销区	构建现代农业示范中心
丰城市	主产区	争创鄱阳湖生态农业示范基地
固始县	主产区	大力发展现代农业，叫响农业绿色品牌，加快农业强县建设
唐河县	主产区	建成河南省现代特色农业发展示范基地
邓州市	主产区	现代农业示范区
宁乡县	主产区	着力巩固湖南不可撼动的粮食生产第一县和全国粮食生产标兵县
祥云县	平衡区	把粮食生产摆在农业生产的首位，确保粮食安全
富平县	平衡区	建设自治区级粮食生产示范基地
平罗县	平衡区	建设自治区级粮食生产示范基地
奇台县	平衡区	中国小麦之乡、国家商品粮基地县

资料来源：调研所得。

通过对50个样本产粮大县地方政府“十二五规划纲要”发展战略的整理分析，表明地方政府在战略上对农业发展的重视程度普遍较低，对农业基础地位以及粮食安全问题的重视程度不高。总体来看，粮食主产区对发展农业的重视程度高于平衡区，平衡区对发展农业的重视程度高于主销区。

（2）三产比例变化

产粮大县普遍存在种粮比较效益低、财政负担较重等问题，产粮大县往往是财政穷县，“粮财倒挂”现象十分明显。农业税取消以后，产粮大县如何破解粮食贡献越大、地方财政收入越少的困境？地方政府的普遍做法是实施“工业强县”发展战略，快速推进工业化进程，从样本产粮大县“十二五规划纲要”提出的三次产业比例变化中可见一斑。

根据调查，50个样本产粮大县中有44个县的规划纲要中提出了优化产业结构的目标。到“十二五”期末，从平均来看，三次产业比例从27.07∶40.67∶31.99调整为17.22∶47.71∶35.12，第一产业的占比平均降低9.86个百分点，第二产业的占比平均提高7.03个百分点，第三产业的占比平均提高3.14个百分点。

表4－11　样本产粮大县三次产业比重变化情况（%）

	2010年平均值	“十二五”期末预期平均值	变化值
第一产业比例	27.07	17.22	－9.86
第二产业比例	40.67	47.71	7.03
第三产业比例	31.99	35.12	3.14

资料来源：调研所得。

表4－12显示了样本产粮大县第一产业比重预期降低情况，43.2%的产粮大县第一产业的比重预期降低10～15个百分点，11.4%的产粮在县第一产业的比重预期降低15个百分点以上，尤其是黑龙江省宝清县将第一产业的比重从52.1%降低至23.3%，降低了28.8个百分点。

表 4-12　样本产粮大县第一产业比重预期降低情况

	频率	百分比（%）
<5%	7	15.9
5% ~10%	13	29.5
10% ~15%	19	43.2
>15%	5	11.4
总计	44	100.0

资料来源：调研所得。

表 4-13 显示了样本产粮大县第二产业比重预期提高情况，18.2% 的产粮大县第二产业的比重预期提高了 10~15 个百分点，9.1% 的产粮大县第二产业的比重预期提高了 15 个百分点以上。

表 4-13　样本产粮大县第二产业比重预期提高情况

	频率	百分比（%）
<5%	17	38.6
5% ~10%	15	34.1
10% ~15%	8	18.2
>15%	4	9.1
总计	44	100.0

资料来源：调研所得。

总体来看，产粮大县的地方政府更倾向于对地方经济贡献较大的第二产业和第三产业，这势必会影响粮食主产区粮食生产比较优势的发挥。

（3）战略任务中农业所处的位置

战略任务是战略目标的分解，战略目标要通过战略任务的完成得以实现。通过对产粮大县“十二五”规划中发展现代农业在战略任务的排序分析，在一定程度上可以判断产粮大县发展粮食产业的积极性。

通过调查统计，在 50 个样本产粮大县的战略任务中，发展现代农业排名第 1 的产粮大县有 22 个，占 44.0%；排名第 2 的产粮大县有 11 个，占 22%，排名第 3 的产粮大县有 12 个，占 24%，排名第 4 的产粮大县有 5 个，占 10%，如表 4-14 所示。由此可见，56% 的产粮大县未把发展农业作为第一战略要务。

表 4－14　样本产粮大县发展现代农业在战略任务中的排名

排名	频率	百分比（%）
1	22	44.0
2	11	22.0
3	12	24.0
4	5	10.0
总计	50	100.0

资料来源：调研所得。

表 4－15 显示了样本产粮大县排名第 1 的战略任务，其中大力发展现代农业占 44.0%，加快新型工业化，推进工业大县建设占 50.0%，加快发展现代服务业、推进城镇化进程和基础设施建设各占 2.0%。

表 4－15　样本产粮大县排名第一的战略任务

战略任务	频率	百分比（%）
大力发展现代农业	22	44.0
加快新型工业化，推进工业大县建设	25	50.0
加快发展现代服务业	1	2.0
推进城镇化进程	1	2.0
基础设施建设	1	2.0
总计	50	100.0

资料来源：调研所得。

（4）规划是否对耕地保有量、粮食总产量等指标进行量化确定

根据国家“十二五”规划对增强粮食安全保障能力的要求，我国耕地保有量应保持在 18.18 亿亩，要稳定粮食播种面积，粮食综合生产能力达到 5.4 亿吨以上，将粮食生产核心区和非主产区产粮大县建设成为高产稳产商品粮生产基地，大规模建设旱涝保收高标准农田。

通过对 50 个样本产粮大县“十二五”规划进行的统计整理，发现多数产粮大县并没有对耕地保有量、粮食播种面积、粮食产量、农田建设等指标进行明确规划，即没有对相关指标进行量化规定。从表 4－16 中可以

看出，在样本产粮大县中，60.0%的产粮大县没有对耕地保有量进行明确规划，66.0%的粮食大县没有对粮食播种面积进行明确规划，74.0%的产量大县没有对农田建设进行明确规划，36.0%的产粮大县没有对粮食总产量进行明确规划。量化目标的缺失将影响规划的执行落实，进而影响将产粮大县打造成为粮食生产功能区这一目标的实现。

表4－16 样本产粮大县耕地保有量、粮食总产量等指标量化情况

有无明确规划	耕地保有量		粮食播种面积		农田建设		粮食总产量	
	频率	百分比（%）	频率	百分比（%）	频率	百分比（%）	频率	百分比（%）
无	30	60.0	33	66.0	37	74.0	18	36.0
有	20	40.0	17	34.0	13	26.0	32	64.0
总计	50	100.0	50	100.0	50	100.0	50	100.0

资料来源：调研所得。

从表4－17产粮大县地区类型与是否对粮食总产量进行明确规划的交叉表可以看出，主产区有83.9%的产粮大县对粮食总产量进行了明确规划，产销平衡区有36.4%的产粮大县对粮食总产量进行了明确规划，主销区有25.0%的产粮大县对粮食总产量进行了明确规划，在一定程度上反映了粮食主产区产粮大县粮食生产的积极性依次高于产销平衡区和主销区。

表4－17 地区类型与粮食产量量化目标交叉表

<table>
<tr><th colspan="3" rowspan="2"></th><th colspan="2">粮食产量量化目标</th><th rowspan="2">总计</th></tr>
<tr><th>无</th><th>有</th></tr>
<tr><td rowspan="6">地区类型</td><td rowspan="2">主产区</td><td>计数</td><td>5</td><td>26</td><td>31</td></tr>
<tr><td>百分比（%）</td><td>16.1</td><td>83.9</td><td>100</td></tr>
<tr><td rowspan="2">主销区</td><td>计数</td><td>6</td><td>2</td><td>8</td></tr>
<tr><td>百分比（%）</td><td>75.0</td><td>25.0</td><td>100</td></tr>
<tr><td rowspan="2">产销平衡区</td><td>计数</td><td>7</td><td>4</td><td>11</td></tr>
<tr><td>百分比（%）</td><td>63.6</td><td>36.4</td><td>100</td></tr>
<tr><td colspan="2" rowspan="2">总计</td><td>计数</td><td>18</td><td>32</td><td>50</td></tr>
<tr><td>百分比（%）</td><td>36.0</td><td>64.0</td><td>100</td></tr>
</table>

资料来源：调研所得。

4.3 调研结论

4.3.1 地方政府对发展粮食产业的认识

通过对50个样本产粮大县“十二五”规划的统计分析，仅有昌图县和固始县2个产粮大县提出了“农业强县”的战略思想，其他产粮大县普遍实施“工业强县”的战略，可见，大多数地方政府对发展粮食产业的积极性并不高。

究其原因，主要在于粮食生产对地方财政收入的贡献较小，产粮大县多是财政穷县。虽然产粮大县在保障我国粮食安全方面贡献巨大，但地方财政收入却不能明显提高，而且产粮大县粮食种植面积越大，粮食产量越多，地方财政补贴的金额也越多，严重影响产粮大县地方政府抓粮的积极性。受制于财力，产粮大县对农田水利等农业基础设施的资金投入不足，农业基础设施建设相对滞后，抵御自然灾害的能力不强，农民“靠天种田”的局面没有得到根本改变，如果不施加外力，就有可能形成“恶性循环”，必然会影响粮食的持续增产。

总体来看，尽管国家对粮食安全问题高度重视，但是对地方政府来说，粮食安全问题并非首要大事。粮食生产对地方财政收入的贡献非常有限，国家对产粮大县的转移支付较低，无法弥补地方政府因重视粮食生产而丧失发展二、三产业的机会成本。因此，本项目认为，要想更好地发挥粮食主产区粮食生产的比较优势，就必须建立与粮食贡献挂钩的利益补偿机制，加大对粮食主产区的投入和利益补偿力度，才能有效调动地方政府专心发展粮食产业的积极性，保障国家粮食安全有坚实的基础。

4.3.2 农民对粮食生产的认识

通过调研发现，整体来看，农民从事粮食生产的积极性并不高。农民种粮积极性不高的一个主要表现在于农业劳动力快速转移，种粮兼业化现象突出。种粮兼业化经营，家庭青壮劳动力外出务工，妇女和老人负责粮食生产，这在一定程度上能够促进农民收入增长，但是，兼业化使得耕地处于长期粗放化的经营状态，农业粗放经营和撂荒现象普遍存在，不利于新品种、新技术、新模式的引进，不利于流转集中，无法适应农业现代化、规模化经营的要求。

通过分析我们认为：影响农民粮食生产积极性的主要因素是：第一，种粮比较效益低。近几年，农业生产资料价格和雇工成本快速上涨，粮食出售价格跟不上，致使种粮比较效益持续下降，在农业产业结构内部，粮食生产与非粮产业又是比较效益最低的产业。第二，粮农增收难度大。在粮食主产区粮食产量大获丰收，国家粮食安全得以保障的同时，粮农的收入却难以有效提高，特别是2015年国家部分地取消了粮食直接补贴政策，粮农收益受到影响。第三，种粮成本快速攀升。种粮成本包括直接成本和机会成本两部分。种粮直接成本主要包括生产资料成本、雇工成本和土地租金等。种粮成本上涨抵消了粮价上涨和政府补贴的收益，造成农民增产不增收。机会成本主要是指农户放弃生产粮食，生产经济作物或是外出务工所能获得的最高收入。快速增长的种粮成本直接影响农民种粮的积极性。第四，粮食直接补贴政策问题。目前粮食补贴政策不是以贡献粮食多少为依据，而是以家庭承包多少耕地为依据，这就造成了只要有耕地就会有补贴，有耕地即使不种粮食，甚至撂荒也可以得到种粮补贴，补贴的结果不是种粮补贴，变成了“耕地补贴”，影响了那些实实在在种粮农民的积极性。

总的来说，农民种粮积极性是保障国家粮食安全的内生动力，保障农民种粮积极性的最好方法就是提高农民种粮收入，只有使农民种粮所得不低于外出务工收入时，农民才会愿意安心生产粮食。

4.3.3　农地规模与种粮积极性的差异

尽管农民从事粮食生产的积极性整体不高，但是通过数据分析与调研发现，以种粮收益作为主要收入来源、规模种植的种粮大户比普通小规模农户更有种粮积极性。农地规模是影响农民种粮积极性的一个主要因素，户均耕地面积越大，种粮收入在家庭收入中的比重越大，农户种粮的积极性就越高。家庭小规模农户基本上全部都是兼业农户，粮食生产主体多以老年人和妇女为主，加之土地分块细碎，许多环节都难以实现机械化，从事粮食生产的积极性普遍不高。

普通小规模农户种粮往往为了解决口粮，自给自足，而种粮大户则更注重降低成本和提高单产，种粮大户等规模经营者的土地使用率和生产效率往往更高。首先，种粮大户通过规模经营有利于促进农业机械化发展。种粮大户更有能力筹集资金、投入精力来平整土地、修建沟渠，为大型机械作业提供条件。其次，种粮大户对优良品种和先进生产技术具有更强烈的需求和更强的接受能力，有利于农业科技的推广应用。最后，种粮大户对社会化服务需求强烈，有利于发展农业社会化服务。

种粮大户比一般种粮农户更有种粮积极性，但是种粮大户也面临诸多困境。一是面临贷款难问题。种植规模的扩大需要大量资金投入，如土地租赁、农资和农机具购买、劳动力雇佣等。但是在抵押贷款融资方面，面对金融机构的相关限制，种粮大户缺少有效的抵押资产，无法进行抵押贷款。二是土地流转机制不健全，种粮大户面临土地承包不规范、土地流转成本高等问题，影响种粮大户的规模化经营。三是粮食生产风险高。粮食生产周期较长，受到自然条件和市场价格的双重影响，一旦发生自然灾害或者价格发生较大波动，种粮大户将损失严重。四是社会化服务不到位，种粮大户的信息、技术、机械、劳动力、销售等方面的需求，还不能从根本上得到解决。政府应出台相应的措施，解决粮食大户规模化种植所面临的各种困境，进一步提高种粮大户的积极性。

4.3.4 农业补贴对提高种粮积极性的作用

2004 年以来，国家一系列支农惠农政策的实施确实在增加农民收入、调动农民种粮的积极性、保障国家粮食安全等方面发挥了重要作用。通过调研发现，实践过程中诸多问题的存在使得粮食补贴政策的效应逐步减弱。一是国家在增加种粮补贴的同时，农业生产资料价格、土地租金、劳动力费用等种粮成本上涨幅度更大，抵消了农民从粮食补贴政策中所获得的部分收益，使得粮食生产利益补偿政策效应逐渐减弱。二是补贴额度仍较小，对农民收入并无太大的影响。每亩补贴100元左右，只相当于农民外出打工一天的收入，不足以弥补农民种粮的机会成本，难以调动农民种粮的积极性。三是补贴方式不够科学。现有政策对农民的种粮补贴，一般是按农户实际承包耕地的面积进行发放，而不是按实际粮食种植面积或者粮食产量进行发放，在土地流转的情况下，种粮补贴目标将发生偏离，资金不能完全发放到种粮大户手中，在一定程度上影响了其种粮积极性。

根据调研数据，应该从以下两方面改进粮食补贴政策，激发农民种粮的积极性。一是改革粮食补贴办法。根据“谁种田，谁受益”的原则，建立与农户实际种粮面积和出售商品粮的数量挂钩的补偿机制，以增强补偿的精准性，使得实际粮食生产者能够真正得到补贴。二是粮食补贴政策力度向规模经营主体倾斜。粮食规模经营主体以种粮收入作为主要收入来源，相对于普通农户，他们对粮食生产更加重视，对粮食补贴的反应也更为敏感。因此，应建立粮食生产规模化专项补贴，对达到一定规模的种粮大户、家庭农场等经营主体按粮食实际种植面积给予专门补贴。

通过调研，我们的总体结论是：尽管有这样或那样的因素制约着我国粮食生产，需要我们从多角度研究解决这些制约问题，但是我们感觉到，如何激发粮食主产区农民的产粮积极性，使他们从事粮食生产能够有公平所得是解决我国粮食安全问题的主要矛盾，而解决这个主要矛盾最直接、最有效的路径就是政策因素。粮食主产区是我国粮食安全的重要承载，不能在政策上使他们在为国家粮食安全做出贡献的同时在经济利益上不能得到应得利益。这就需要从理论和政策上进行研究，创新思路，制定完善的政策体系，保障粮食主产区农民正常的收益，这才是我国保障粮食安全供给的长久之道。

第五章　粮食主产区利益补偿的理论研究

本章循着发现矛盾—分析矛盾—解决矛盾的研究思路，首先在分析我国粮食主产区粮食生产现状的基础上，深入地研究探索产生这些现状的深层次原因。由此，课题组研究了粮食主产区经济发展过程中的主要矛盾，并从矛盾分析中试图从理论上解决粮食主产区利益补偿的合理性。研究发现：粮食主产区经济发展过程中存在着四大矛盾：社会责任与经济收益的矛盾，国家利益与主产区利益的矛盾，粮食主产区与主销区的利益矛盾，粮食主产区自身经济结构矛盾。四大矛盾的存在，不仅掣肘着粮食主产区经济的发展，而且严重损害了粮食主产区种粮的积极性，直接威胁着我国的粮食安全。其次，利用相近原理，认真研究了碳汇概念提出的背景，碳汇交易的原理，碳汇交易过程以及在全球经济促进、生态保护中的作用，并将碳汇交易原理拓展应用于粮食主产区利益补偿研究之中。以此为原理基础，创建了粮汇及粮汇交易的概念，并从理论上论证了碳汇交易原理拓展的可能性、合理性和科学性，为创建一套新的粮食主产区利益补偿政策奠定了理论基础。

5.1　粮食主产区经济发展中存在的主要矛盾

粮食主产区之所以在经济社会发展中落后于粮食主销区，除了经济基础和产业结构产生的差距，粮食主产区经济社会发展存在的四大矛盾也是制约粮食主产区经济社会发展的主要因素，而这四个主要矛盾处理不好会对粮食安全供给造成影响。

5.1.1 社会责任与经济收益的矛盾

粮食是人类生存的唯一依赖，到目前为止，虽然科学技术如此发达，但人类仍然不能离开土地生产足以满足自身生存的粮食。由于粮食生产的土地限制性，那么，由于土地位置不可移动的自然属性，则粮食生产就有了地域属性。同时，粮食生产是以作物为载体的——人类利用作物自身生长而获得粮食，生物作为一个生命体，由于自然选择的结果，长期以来作物对气候、地域、土壤、土质甚至地形地貌都有较高的要求。这就从基础上决定了一个国家，特别是地域南北跨越将近50个纬度，东西跨越62个经度的疆域很大的我国，具有多样化的地理地貌和复杂的生物多样性，再加上历史上形成的经济社会发展的不均衡，各地一、二、三产业的基础不同，城镇化水平存在差异，在我国，并不是所有的地方都适合粮食种植和发展粮食产业。基于上述两点（土地的不可移动性和社会发展的不均衡性），在我国漫长的文明进化中就形成了粮食主产区和主销区（只是在农业经济时代没有严格进行区分），这种“两区”是自然因素和社会因素综合作用的结果，不易改变。也就是说，在我国，粮食的保障供给责任只能落到那些适宜粮食种植的地域，这个地域在国家整体经济发展布局中的基本定位就是粮食主产区。因此，保障国家粮食安全粮食主产区就负有不可推卸的责任，这无论从资源禀赋学说还是比较优势理论都可以给出较为科学的解释。但是，粮食是特殊商品，具有社会属性，这里所说的粮食的社会属性是指粮食是社会稳定的基础，无论从事粮食种植是否能够获得社会各类产业平均的经济收益，都必须有一定的地区承担粮食生产和粮食供给的责任。粮食的社会属性还有第二层意思，就是粮食价格是社会商品价格的定价基础，所以有“粮价是百价之基”的说法，既然粮价是百价之基，粮食价格是否稳定，老百姓是否有能力接受就是社会是否稳定，社会商品价格是否稳定的一个核心指标。所以，当粮食出现短缺，形成需大于供的局面，市场出现粮食价格向上波动时，政府就会干预市场，稳定粮食价格，所以，在这种状况下，粮食价格也不能独自走高。这个基本原理就决定了粮食主产区以粮食为主导产业的经济结构不太可能成为经济发展较好的地区。这不仅是由农业是弱势产业，粮食是弱势产业中弱势产业的性质所决定的，也是政府社会稳定的诉求所决定的。综上分析可以得出这样一个结论：粮食主产区在种植粮食过程中收获的不仅仅是经济效益，更多的是承担的社会责任。但是，粮食在经济领域，在交易过程中又是以普通商品身份出现的，其溢价性和竞争力可想而知。这其实就是粮食主产区在粮食生产过程中存在的社会责任和经济收益的矛盾。通过前面问题的分析，我们可以得出：粮食的社会属性与交易过程中商品属性的矛盾，就是粮食主产区在经济发展过程中承担的社会责任与其经济收益的矛盾，制约着粮食主产区的经济发展。政府若不能保证粮食主产区在承担社会责任的同时，使其获得应有的经济收益，粮食主产区农民的种粮积极性就会逐渐丧失，这对国家粮食安全甚至社会稳定都将构成威胁。

5.1.2 国家利益与主产区利益的矛盾

就经济发展而言，国家追求的目标与区域追求的目标之间是整体目标与局部目标的关系。在目前我国以经济建设为中心的大环境下，国家整体利益与某个区域的自身利益有时就不会保持完全一致性，在粮食生产方面就是如此。我国人口众多，耕地面积总量很大，但人均较少，所以，保持一定的耕地面积作为粮食种植则是保证国家粮食安全的主要举措。根据耗散结构理论的基本原理，一个远离平衡态的开放系统，在外界环境条件发生变化达到某一阈值时，量变逐渐引起质变，系统则自然会通过持续地与系统外交换能量与物质，很可能从原来的一种无序状态转变为相对有序的状态，形成一个新的平衡态。我国地域广阔，环境各样，可以视为非平衡的开放系统。当国家总体上在以经济建设为中心的思想指导下，经济建设成效考核的核心指标是 GDP 增量，那么，作为整体系统的一部分，粮食主产区就会为了适应整体系统的统一稳定，自发调整自己的产业发展方向，向能够提升 GDP 的产业转变，形成新的稳定（区域间相对平衡发展）。这是在自然状态下必然产生的结果。但是，在这个自发状态下产生的新平衡，会使粮食主产区放弃低收益的粮食生产去追逐较高收益的非粮产业，严重时会危及国家粮食安全。所以，在粮食主产区，就会产生国家要粮食与粮食主产区要效益的矛盾，即国家利益与粮食主产区利益的矛盾。

为了解决这个矛盾，从2004年开始一直到现在，每年我国均是以“中央一号文件”的形式关注农业，关注粮食生产，同时配套出台了包括免除农业税、各种种粮补贴甚至大型农机具补贴在内的农业发展支持政策，这些措施对农业发展确实提供了强劲的动力，粮食产量也连续十二年增产，但现实是，我国的粮食主产区省份却在一直减少。从改革开放初期的21个粮食输出省（区），到目前只有9个粮食输出省。20世纪90年代中期，粮食输出省（区）就开始减少了。在粮食生产支持方面，我国现行的粮食生产支持政策可以说是几千年历史上支持力度最大的，中央政府不仅全部免除农业税收，每生产一斤粮食财政支持资金甚至达到0.4元人民币[25]。但即使是这样，我国粮食安全形势也依然紧张，近2年我国进口粮食逐年增加，我国粮食安全的红线岌岌可危。2015年，我国小麦、稻米、玉米进口分别达到297万吨、335万吨、473万吨，其中稻米和玉米的进口量分别比2014年增加31%和82%。① 这表明我们的粮食支持政策还有很大的完善空间。这也迫使我们对粮食支持政策的体系架构进行深入的思考。

5.1.3 粮食主产区与主销区的利益矛盾

2001年8月，国务院颁布了《关于进一步深化粮食流通体制改革的意见》（国发〔2001〕28号），目的是发挥市场机制对粮食生产、销售以及价格形成的作用，建立完善的粮食价格形成机制，不断提升粮食生产能力。该意见中提出了粮食主产区和主销区的划分，并对粮食生产提出了不同的要求。按照这个要求，全国被划分为13个粮食主产区、7个主销区和11个基本平衡区。粮食主销区以发展工业化、城市化为主导，作为经济强国的支柱，粮食主产区主要承担着国家粮食安全的任务。然而，由于农业

---

① 中国2015年粮食进口数据揭底，多个品种刷新纪录[EB/OL]. 中国粮油网，http://www.grainnews.con.cn/a/news/2016/02/01－38089.html.

特别是粮食生产的弱质性，在粮食主产区，逐渐出现了“粮食大省、经济弱省、财政穷省”的现象，而且，粮食生产越多，经济越落后，这大大损伤了粮食主产区农民生产粮食的积极性。资料显示：“占全国粮食总产量近75%的我国800个粮食生产大县中，国家级贫困县就有105个，占了粮食生产大县的八分之一，贫困线以下人口就达3600万人。出现了粮食安全贡献越大，县域经济财力越弱的“粮财倒挂”现象，直接威胁着国家粮食安全。”① 近些年，随着劳动力和农业生产资料价格的上升，粮食生产成本逐步攀高，虽然国家给予粮食生产直接补贴、大型农机具购置补贴、良种补贴等粮食生产支持政策，但是，农业劳动力、农业生产资料价格的上升使农民的种粮成本上升超出了政策性补贴，致使粮食主产区从事粮食生产的净收益实际上在下降。另一方面，粮食作为人们生存的必需品，在市场物价中具有基础性作用，为了CPI的稳定，当市场出现较大的波动时，国家则会采取措施稳定物价，而稳定物价的首要目标就是稳定粮价。如此一来，粮食生产过程中上升的生产成本反而是在粮食主产区内部消化了，粮食主销区由于生产粮食较少，生产成本增加也就较少，在其享用超出自身粮食生产量的过程中反而得到了较多的实惠。如此一来，就产生了粮食主产区与主销区的利益矛盾——粮食主产区承担粮食生产上升的成本，粮食主销区享受粮食生产上升的成本。由此带来的结果是农民“用脚投票”：在市场经济体制下，农民迁徙和职业选择的自由度基本没有限制，粮食主产区的劳动者为了获得较好的劳动收益，则选择外出务工或从事非粮产业生产，放弃粮食种植。这就是为什么目前农业生产主力军是“386199部队”背后的经济学原因。而且，如果“粮食生产与利益分配”倒挂的状况长期得不到改善，粮食主产区“地方政府抓粮”的积极性就会极大地削弱，这是一个非常具有警示性的信号。长此以往，势必会影响我国的粮食供给，严重威胁国家粮食安全。

① 林日新．“粮财倒挂”困局亟待政策早日破解［EB/OL］．http://opinion.people.con.cn/n/2015/0824/c159301－27503869.html.

5.1.4 粮食生产与非粮生产比较效益的矛盾

如前所述，由于粮食生产使得粮食主产区的经济发展受到很大的阻碍，粮食主产区受制于国家“非农化”政策的限制，无法也不敢放弃以农业为主的主导产业。但是，受经济利益的驱使，粮食主产区则存在着“非粮化”的强烈冲动。这是因为，在农业领域内，粮食生产和非粮化生产经济效益存在着比较大的差别。根据南京农业大学经济管理学院李首涵等人的研究，从事粮食生产和从事非粮食生产比较效益差异巨大。(见表 5 - 1)

表 5 - 1　粮食作物与代表性非粮食作物亩净收入和亩利润比较

单位：元/亩

作物	净收入	作物	依官方工价的利润	作物	依市场工价的利润
苹果	5136	苹果	3972	苹果	3408
蔬菜	3850	蔬菜	2546	蔬菜	2045
稻谷	575	稻谷	275	稻谷	0.56
玉米	485	玉米	191	玉米	27
小麦	312	小麦	82	小麦	-48
大豆	239	大豆	109	大豆	11

资料来源：李首涵等．中国粮食生产比较效益低吗？［J］．中国农村经济，2015（5）：41. 本文引用时删除了与本文主题关系不紧密的数据。

注：本表中的数据系 2009—2013 年的均值。

通过表 5 - 1 可以看出：根据李首涵研究的结论，无论是单位面积净收入还是利润，从事粮食生产的比较效益均大大低于水果和蔬菜生产。从亩净收入来看，粮食生产效益是最低的，基本上亩净收入相差 10 倍。而从亩利润来看，不管是以官方工价还是以市场工价来计算，家庭投工的核算结果中，粮食的生产比较效益都是最低的，二者之间的利润差距竟达 10 ~ 20 倍之多。如果按照市场工价来计算家庭投工投劳，则粮食生产的纯收益甚至为负值。①

经济学认为：市场中的人都是理性人，其生产行为受追求自身利益最

① 李首涵，何秀荣，杨树果．中国粮食生产比较效益低吗？［J］．中国农村经济，2015（5）：36 - 43.

大化的诱导。在粮食生产和非粮食产业之间经济效益如此悬殊的背景下，让粮食主产区放弃高收益的非粮产业，主动承担国家粮食安全责任几乎是不可能的。由此可以看出，在粮食主产区粮食生产与非粮化生产矛盾是十分突出的。同时，粮食又是特殊物资，具有社会属性，甚至是一个国家的战略物质，但又必须保证国家粮食的足额供给与合理储备，这就从客观上要求必须协调解决这一矛盾。从 2004 年开始，我国连续以“一号文件”的形式关注农业，解决农业突出问题的时间已经延续了十几年，国家鼓励粮食生产的专项政策也出台了不少，但是到目前为止，粮食生产与非粮生产的矛盾仍未解决，这说明我们过去的农业政策，特别是粮食生产支持政策效用不高，完全有必要对我国粮食生产支持政策进行全新角度的审视与改革。

综上所述，我国粮食主产区经济和社会发展中存在着社会责任与经济收益矛盾、国家利益与粮食主产区利益矛盾、粮食主产区与主销区的利益不均衡矛盾、粮食生产与非粮生产比较效益差距过大矛盾等 4 大矛盾，这些矛盾如果不能很好地解决，一是将会继续加大区域间经济发展的不平衡并最终影响国家整体经济发展水平，二是粮食主产区承担着我国粮食安全的重大责任，如果 4 个主要矛盾继续存在下去，粮食主产区农民的种粮积极性不高，甚至会产生“种粮歧视”心理，我国粮食安全的目标就难以实现。这样的结果，轻则粮食供给不足，突破我国粮食安全红线，影响整体经济发展。重则为国际敌对势力所利用，以粮食为武器，对我国形成战略威慑，影响国防安全。因此，我们必须认真对待，思考对我国粮食支持政策进行重构，并从政策的基本理论进行新的研究，以期解决粮食主产区的四大矛盾，使我国粮食生产和粮食主产区社会经济同步发展，驶入良性循环的轨道。

5.2　碳汇交易原理及其拓展的可能性

通过对粮食主产区经济发展中的矛盾分析，我们似乎可以得出这样的结论：之所以我国的粮食支持政策没有有效激励粮食主产区政府和老百姓种粮的积极性，可能是粮食支持政策与某些存在的现实问题有些脱节。由此我们认为：现在的粮食生产支持政策可能从政策的理论基础、依据的基本原理甚至到政策的关注重点都有进一步优化的空间。为了构建新的粮食生产支持政策，我们在研究中开辟了一个全新的研究思路，并依据新的思路设计了研究方案。本课题借鉴了碳汇交易原理，根据我国粮食生产境况和粮食属性试图构建以碳汇交易原理拓展应用为核心的粮食支持政策的基本理论架构，以期解决粮食主产区和粮食主销区利益失衡的问题。

5.2.1 碳汇交易的产生背景

碳汇交易的产生与人类文明发展有关，是人类利用自己的智慧，在推动人类社会向前快速发展过程中必然采取的措施。

远古时代人类征服自然的能力有限，处于刀耕火种时代，正是由于征服自然的能力有限，对自然物质的索取与再造能力亦有限，人类活动对地球生态环境的影响几乎是可以忽略不计的，整个地球生态处于自然均衡发展的时代。随着人类文明的进步，人类对自然资源的索取与对自然资源的加工处理能力渐次提升，但是直到西方工业革命之前，人类对大自然的物质索取与改造还处在较低的水平，在此期间，人类的活动对地球生态环境产生的改变还在地球生态自我修复的范畴之内。但是，随着人类文明的进一步发展，特别是到18世纪中叶，人类开始了使用蒸汽机代替自然力作为动力源的时代，人类对地球自然生态的影响速度陡然加快。在欧洲，首先兴起了机器大工业代替工场式手工业的革命，工业革命的出现标志着人类对自然资源索取和利用方式的改变，人类对地球生态环境的影响无论从深度和广度都达到了空前的水平。工业革命促进了人类向自然索取资源能力的迅速提高，并且，在经济领域，生产方式大机器生产完全代替了手工工场，商品经济取代了自然经济。到了19世纪，化石能源开始利用，特别进入20世纪之后，化石能源的广泛利用，使人类对地球环境生态的影响逐渐超过了地球生态环境的自我修复能力。人类逐渐认识到，过量的碳排放以及人类在化学合成过程中产生的有害物质将会严重破坏地球的生态环境，造成全球气候变暖和环境恶化，给人类的生存与发展带来威胁。资料显示：工业革命以来，大气中的二氧化碳含量增加了25%，过去40年人为排放的温室气体总量约占1750年以来总排放量的一半，最近10年又是排放增长最多的10年。①

为了阻止地球生态环境恶化和全球变暖趋势，1992年，联合国在巴西里约热内卢召开世界环境与发展大会（以下简称环发大会），参会各国签订了《联合国气候变化框架公约》，明确认定二氧化碳排放是全球气候变暖人为的重要因素，要求发达国家和发展中国家为控制全球气候变暖承担义务。这是人类历史上第一次对人类向大气层排放二氧化碳做出了限制。在1992年《联合国气候变化框架公约》的基础上，1997年，联合国气候变化框架公约缔约国在日本京都召开大会，签订了《京都议定书》，根据公平原则以及“共同但有区别的责任”原则，大会明确了发达国家与发展中国家二氧化碳排放与减排的指标。并于2005年2月16日正式生效，开启了约束人类二氧化碳排放量的历史。

由于各国处于工业化阶段的不同步性，各国的二氧化碳排放量差异很大，工业化水平较高的国家，CO_2排放量大，受碳排放指标的限制，又不能超标排放，所以，就限制了这些国家的经济发展能力。相反，欠发达国家由于其工业化程度低，制造能力有限，因此，CO_2排放量亦有限，所以，碳汇指标往往有较多的剩余。既然有不足和剩余两种情况存在，则交易就具备了基础条件。不仅如此，在欠发达国家，往往是以农业为主导产业的国家，有着丰富的森林资源，由于森林在生长过程中，能够吸收固化大气环境中的CO_2，所以，这些欠发达国家通过培育森林，还拥有了“生产”CO_2指标的能力，使这些国家的CO_2指标更加富裕，而发达国家可以出钱购买欠发达国家的碳汇指标，所以，碳汇交易也就产生了。碳汇交易的产生，不仅解决了发达国家发展工业需要的碳排放指标问题，欠发达国家利用出售碳排放指标得到的资金发展本国经济，同时也使CO_2排放限制在地

① 鲍文中．直面气候变化带来的挑战[N]．甘肃日报，2016－03－23（第三版）．

球生态的阈限之内，这对均衡发展世界经济、保护地球环境大有裨益。2014年，全球碳汇交易量达到了8700万吨CO_2当量。总交易额为3.95亿美元。[①] 所以，目前，世界范围内已经形成了规模很大的碳汇交易市场。

5.2.2 碳汇交易产生的基本原理

碳汇交易产生的根本原因在于环境容量的有限性和人类对自然资源索取欲望的无限性的矛盾。地球大气层是人类赖以生存的唯一空气环境，对人类来说属于公共资源。大气环境虽大但终归有限，在工业化高速发展的今天，碳排放如不加以节制，大气环境容量必将出现“公用地的悲哀”的境况，所以，大气环境资源具有了稀缺性的属性。按照经济学原理，资源稀缺性的存在必然会导致使用权费用的产生，即某个生产主体要获得某种资源的使用权必须付费取得。在这一原理下，碳排放权就产生了。所谓碳排放权，就是生产主体在其生产过程中向大气中排放二氧化碳必须向社会缴纳一定费用或购买一定的碳汇指标才能行使其碳排放的权利。碳排放权像其他权利一样具有排他性和可交易性，如果生产主体因为技术的进步或者通过从事森林培育减低或吸收了大气环境中的二氧化碳，则其原来付费得来的碳汇就会产生剩余，剩余的碳汇就可以出售交易，这就是碳汇交易机制形成的基础。通过一系列交易制度的设计，就形成了碳汇交易市场。

从本质上说，碳汇交易制度属于生态补偿范畴。根据经济学基本原理，市场通过“无形之手”可以有效配置资源，但是，自从外部性理论出现之后，市场自动优化配置资源的观点就有了前提条件，即市场行为的外部性问题。当一生产主体的生产活动或经济行为对生产主体以外的他人产生一种非本意的影响时，就会形成外部性问题，在这种情况下有可能产生市场失灵。当人们的经济行为对公共资源产生负影响时，如果没有非市场行为的介入就有可能对公共资源造成破坏而损伤公共利益。碳汇交易就是

---

① 2015年资源碳市场状况[N]. 中国绿色时报,2015-08-26.

政府通过政府权力对市场失灵行为的一种校正，使得大气生态环境得以保护而惠及全人类。

5.2.3　我国的碳汇交易市场的基本组成

为了积极参与世界性的地球大气环境保护行动，履行大国责任，我国也积极筹建碳汇交易市场，积极遏制二氧化碳无节制地排放。我国政府在2001年就启动了全球碳汇项目，积极开展造林再造林碳汇项目，2005年，我国政府与意大利政府根据《京都议定书》有关造林再造林碳汇项目相关规定，签署了合作造林项目——“中国东北部敖汉旗防治荒漠化青年造林项目”，并于2011年10月29日，国家发改委下发《关于开展碳排放权交易试点工作的通知》（发改办气候〔2011〕2601号），决定在北京、天津、上海、重庆、广东、湖北、深圳等7省市开展碳汇交易试点，这标志着我国碳汇交易从理论层面走上了实质性的试点操作阶段。由于政府的积极推动和民间的热情参与，目前，我国的碳汇市场交易额已经位居世界第1位。

综观我国的碳汇交易市场，可以分为国际市场和国内市场，在国际市场上，又分为京都市场和非京都市场，国内市场属于非京都市场，包括约束性市场和非性约束市场两种。约束性市场是指国内一些高耗能企业，由于其在生产过程中CO_2排放量较大，国家强制性减排的企业，它们必须向林业碳汇拥有者直接购买碳汇，或者通过与林业经营企业合作，开展林业碳汇项目而取得碳汇。非约束市场是国内未被牵制减排的企业、其他组织或个人自愿向林业经营单位直接购买碳汇或合伙通过造林手段增加碳汇。这些自愿购买碳汇的企业或个人可以将购买的碳汇作为自己的碳汇储蓄以供将来使用或交易出去。

5.2.4　碳汇交易原理在粮食安全保障中的拓展应用

亚里士多德曾经说过：“那些由最大人数所共享的事物，却只得到最少的照顾。”① 大气环境就是如此。大气环境人人共享，但是在人类历史上

① 亚里斯多德．政治学[M]．北京：商务印书馆，1983.

大气环境只是受到“最少的照顾”。只是到了最近30年左右，人类认识到了大气环境遭到的破坏足以对人类生存发展造成威胁时，才引起关注。碳汇交易就是在这样的背景下产生的。

我国粮食生产问题与此有相似之处：在粮食生产与其他产业一样处于产业生态平衡发展时期，并未引起人们的关注，粮食生产像其他产业一样处于自由竞争的状态。但是，随着我国以经济建设为中心方针的确立，人们的生产行为更多地关注到了经济效益较高的产业，包括地方政府在区域经济发展的引导中和政策支持力度上，均向经济效益较高的产业倾斜，特别是在经济发展起步较早的南部省份和东南沿海省区经济发展出现结构性变化，农业受到较大的挤压。进入21世纪以来，我国工业化、城镇化发展速度加快，农业，特别是粮食生产产业由于其天然的弱质性和其产品的社会属性，在同样的劳动力、资本和土地投入的前提下，其经济效益获得性较低。因此，包括粮食主产区在内逐渐形成了粮食生产歧视心理，以致在素有“鱼米之乡”之称的省份，在经济繁荣的同时，出现了耕地工业化，耕地非粮化，甚至土地撂荒，导致粮食不能自给的现象。为了遏制粮食生产歧视心理，政府出台了粮食生产支持政策，从实践来看，粮食支持政策对粮食生产有一定的激励作用，但并没有有效遏制耕地工业化和耕地非粮化的趋势。长此以往，我国粮食供给将会出现危机。从原理上说，这和遏制碳排放是一个道理：不遏制这个趋势就会产生不可持续发展的结果。

经济心理学认为：在无外界条件约束的情况下，人们的经济行为总是朝着经济收益最大的方向行进，这是由“经济人”的本性所决定的。市场经济之所以产生所谓的“无形之手”，其背后的原因也是由此决定的。粮食生产作为一个具有社会性属性的产业，兼有社会责任和经济属性，所以，在完全的市场化竞争中，其竞争力因具有的社会属性而降低，需要政府利用“有形之手”予以调整，使其正常发展，以维护社会的正常进步。既然世界各国政府已经利用“有形之手”对无节制的碳排放进行了有效的节制，建立了碳汇交易市场，那么，其原理同样可以拓展至具有相似属性的粮食生产产业。

虽然，在世界上不少人少地多的国家，粮食生产以规模化经营其经济竞争能力并未削弱，但是，在人多地少的我国，粮食生产规模化经营受到限制，其经济竞争能力受到极大的限制，以致成为被抛弃的产业，我国具备碳汇交易原理拓展至粮食产业保护的客观条件。

这是因为：

碳排放的无节制性和粮食生产的歧视性具有相同的属性。碳汇交易是由政府推动并发起的，不是市场自主形成的。虽然交易过程是市场行为，但交易的标的物却是政府设立的。这是因为碳排放是经济行为的副产品，对大气环境具有强烈的负外部性。而大气环境属于公共产品，使用过程不产生排他性。如果政府不主持推动碳汇交易机制的建立，靠市场的力量是无法遏制过量的碳排放的，正如加勒特·哈丁（Garret Hardin）所说，“公共资源的自由使用会毁灭所有的公共资源”[①]，最终会形成“公用地悲哀”的结局。为了防止悲哀结局的发生，世界各国政府基本上一致同意利用碳汇交易方式，并构建了碳汇交易市场，从而把碳排放这种经济过程中的外部行为巧妙地纳入经济过程的内部，使外部性问题内部化处理，收到了良好效果。

我国粮食生产的歧视性与此相似。在经济产业中，粮食生产具有较低的经济收益，特别是在我国人口稠密的中东部地区，由于人多地少的客观现实，不易形成规模化粮食生产，所以，从事粮食种植获得的收益不仅在一、二、三次产业中最低，而且即使在农业内部粮食种植的比较效益也是最低的。根据经济学原理，人们就会放弃粮食种植转而从事其他产业，如果任由其发展，粮食安全就会受到威胁。这是由于粮食是特殊的商品，具有社会属性。粮食生产并不能简单地用供给与需求的变化必然会产生价格移动，进而达到均衡生产这一经济学原理来实现。粮食是人类的生存物质，在人口数量和经济发展水平既定的情况下，粮食需求基本上是一个常数，需求弹性较小，但粮食需求是刚性需求，而粮食供给则会由于自然气

① Hardin G. Tragedy of commons[J]. *Science*,1968. 162:72 –75.

候环境的变化差异较大。所以，当供给与需求出现变化时，特别是当粮食供给不足时，极易引起社会恐慌。宁波市农科院副院长马荣荣研究员曾说“基本的口粮如果有10%的不足，社会可能会出现动乱；如果有30%的不足，那就完全乱掉了”①。政府的主要功能之一就是要保证社会的稳定与和谐，当社会出现可预测的不稳定情形时，政府出面干预是完全合情合理的。同时，粮食价格是一个基本性指标，粮食价格的波动对市场非粮商品价格的影响具有“蝴蝶效应”，严重时会使社会产生经济危机。从上面的分析看，粮食的生产不能完全靠市场的“无形之手”进行调节，还需要政府的“有形之手”干预，以保证粮食的安全供给。故政府在利用其他粮食支持政策手段，仍不能保证激励粮食生产，甚至威胁到粮食自给安全时，利用碳汇交易原理设计粮食安全保障的政策体系就是非常必需的。

① 郭芳等．粮食保障战：保供给，保耕地，保环境，保人才[J]．中国经济周刊，2013(7)：26－31.

第六章　粮食主产区利益补偿的制度体系研究[①]

我国的改革开放是从农村开始的。农业发展的支持政策贯穿于1978年至今所有的改革历程。但是，在我国经济总量获得快速增长并成为世界第2大经济体的同时，我国农业发展速度却一直滞后于整体经济发展。特别是粮食主产区变少，进口粮食增加甚至粮食是否安全成了国家面临的重要问题。这需要认真地研究与思考。本章将在前面几章研究的基础上对我国粮食生产支持政策进行深入研究，在思路上拟革新现有粮食支持政策的思维路线，构建粮食支持政策的新思维，借鉴碳汇交易原理，平衡粮食主产区和粮食主销区的粮食安全承担责任，缓解粮食安全压力，构建以粮汇和粮汇交易为核心的政策体系。

6.1　我国粮食生产支持政策新思维路线提出的背景

粮食生产支持政策新的思维路线是在我国所处的国际环境、我国粮食安全的严峻形势、现有粮食支持政策对粮食生产激励的乏力以及农业用地不断被蚕食的背景下提出的。

6.1.1　国内粮食安全供给的形势依然严峻

我国是世界第1人口大国，人口占世界的22%，但耕地仅占世界的7%。在这样特殊的国情下，粮食对我国具有特殊的战略意义，可以说粮食是我国不可替代的战略物资。改革开放30余年来，我国经济社会各行各

---

① 本章核心内容已发表在《中国粮食经济》2015年第一期网络版和2015年第三期纸质版以及《陕西农业科学》2015年第八期。

业发展迅速，市场供给彻底甩掉了物资短缺时代，成为物阜民丰的世界第2大经济体。以美国为首的西方世界为了维护既得利益，对我国的崛起采取遏制战略，在各个领域采取敌视政策，并煽动周边国家与我为敌，近几年在东海、南海不断制造麻烦就是其遏制我国发展战略的一部分。由于中国经济、科技和军事的发展，我国在世界上有了很强的竞争实力，直接与中国对抗遏制中国发展难以奏效，西方势力正在谋划更大的“棋局”。美国原国家安全助理布热津斯基于1997年出版了一本 *The Grand Chessboard: American Primacy and Its Geostrategic Imperatives*（《大棋局》）的书，从中我们可以看出美国对付中国的战略思维。在书中，布氏把中国的粮食和能源问题视为中国在国际竞争中的“软肋”。他说：“粮食和能源将是中国经济增长的软肋。粮食依赖进口将给中国经济资源造成紧张，也使中国更容易受到外部压力的打击。”①。布氏虽然是站在美国的战略角度来观察我国的经济竞争态势，但是，我国的粮食安全问题也确实比较脆弱。特别是从2011年开始，我国开启了谷物纯进口的先例，这意味着我国口粮安全系数也在下降。

表6－1　2003—2014年我国主要粮食品种进出口量　　单位：万吨

年份	玉米		小麦		大米		大豆	
	出口	进口	出口	进口	出口	进口	出口	进口
2003	1639.1	0.1	251.4	44.7	261.7	25.9	29.5	2074.1
2004	232.4	0.2	108.9	725.8	90.9	76.6	34.9	2023.0
2005	864.2	0.4	60.5	353.8	68.6	52.2	41.3	2659.1
2006	309.9	6.5	151.0	61.3	125.3	73.0	39.5	2827.0
2007	491.8	83.5	307.3	10.1	134.3	48.7	47.5	3082.1
2008	27.3	5.0	31.0	4.3	97.2	33.0	48.4	3743.6
2009	13.0	8.4	24.5	90.4	78.6	35.7	35.6	4255.2
2010	12.7	157.3	—	123.1	62.2	38.8	48.4	5480.0
2011	14.0	175.0	32.8	125.8	52.0	59.8	20.8	5264.0

① 布热津斯基．大棋局［M］．上海：上海人民出版社，2010.

续表

年份	玉米		小麦		大米		大豆	
	出口	进口	出口	进口	出口	进口	出口	进口
2012	25.7	520.8	28.6	370.1	51.5	231.0	32.0	5838.5
2013	7.8	326.6	27.8	553.5	47.8	227.1	20.9	6337.5
2014	2.0	259.9	19.0	300.4	41.9	257.9	20.8	7139.9

资料来源：中国海关统计年鉴（2003—2014）。

从表中数据可以看出，除大豆外，我国谷物从2011年开始，进口量已经超过了出口量，且还在增加。诚然，我国粮食产量已经实现了12年的连续增产，甚至出现国家粮食储备库“爆仓”的现象，但是，我国从海关进口谷物的数量从2011年开始转负为正，且进口谷物数量在持续增加却是一个基本事实。这可能有两个原因：一是谷物增产的数量小于我国谷物消耗的数量，随着我国人民生活的富裕，人均年粮食的消耗量在增加。所以，粮食进口数量在持续增加。二是我国粮食仓库储量爆满与进口数量在增加的矛盾，说明我国粮食出现的只是“结构性盈余”，而不是绝对量的盈余。由于我国人多地少，同一品种、同一质量的谷物原产品不能满足粮食加工企业的需求，企业为了粮食加工产品的质量一致性，要求生产原料的一致性，而我国一家一户小规模种植粮食的生产模式，很难满足加工企业对谷物品质一致性的需求，这就出现了国内粮食仓库爆仓而又不断扩大进口粮食的现象。从上面的分析来看，我国粮食只是出现了“结构性盈余”，我国粮食供给充足的结论是不能成立的。我国粮食供给形势依然严峻，粮食生产依然不能放松。

2014年“中央一号文件”提出“以我为主、立足国内、确保产能、适度进口、科技支撑”的粮食安全战略，这是我国首次提出“适度进口”的表述。但是从国际粮食市场上看，国际粮食市场提供交易粮食的能力非常有限。资料显示，国际市场上谷物粮食的年交易量在2.5亿~3.0亿吨，世界整个谷物粮食贸易量仅仅达到我国粮食消耗量的一半左右。这样的贸易量对我国来说，一旦出现粮食供给欠缺，在国际市场上购买粮食补给不足，就具有相当大的风险，完全有可能形成卖方市场，使我国遭受经济损失。更危险的是，目前世界粮食贸易市场基本上是由属于美国的粮食贸易公司控制，现在，国际上4大著名跨国粮食贸易公司——ADM公司（Archer Daniels Midland）、邦吉公司（Bunge）、嘉吉公司（Cargill）和路易达孚（Louis Dreyfus），其中有3个归属于美国。鉴于世界目前的格局，这对于我国粮食安全带来了巨大的潜在威胁。资料显示，这4大粮商控制着全球80%以上的粮食贸易额，以绝对的优势占据了国际粮食市场的大部分资源，控制了许多国家的粮食贸易，在粮食贸易中具有资源垄断和价格制定的权力。同时，它们与多国的政府保持着较为紧密的联系，操纵着全球粮食贸易市场。鉴于4大粮商有3个属于美国公司的事实，我们必须有完备的应对措施。美国正在实施着以遏制我国崛起为目的的"亚洲再平衡"战略，处处对我国的发展开展钳制攻势，一旦发生中美交锋或我国出现粮食供给问题，这些公司就可以利用全球粮食贸易的话语权，对我国粮食安全构成巨大的威胁。所以，我国粮食安全形势仍然严峻，存在着较大的安全隐患。

6.1.2 现有粮食支持政策乏力

从2004年我国实行"两减免，三补贴"（取消除烟叶以外的农业特产税，减免农业税，对种粮农民实行直接补贴、良种补贴和购置大型农机具补贴）开始，到2006年全面免除农业税，开启了我国历史上空前的农业支持政策。从前面粮食支持政策的效力来看，我国粮食支持政策对激励粮食生产只产生了外源的压力，内生的产粮动力不足。根据我们的实际调查和文献资料综合分析，农业支持政策并没有充分调动农民的种粮积极性，突出表现在家庭承包土地的农户对农业生产的投资投劳没有显著增加，农业劳动力的"386199部队"现象并无较大的改观。蒋和平、吴祯培（2009）对湖南省汨罗市的农户进行了调查，基于蒋和平的研究，我国现行的粮食生产支持政策对农户的激励作用日渐式微，并不能有效地调动农民种粮的积极性①。黄季焜、王晓兵对我国6个省份的1000多户农

① 蒋和平，吴桢培．湖南省汨罗市实施粮食补贴政策的评价[J]．农业经济问题，2009(11)：28-32.

户进行了调查，结果表明，虽然大宗农业生产资料补贴和种粮直接补贴在一定程度上提高了农民的收入，但这种补贴政策并没有提高粮食的生产效率①。

究其原因，这其实是粮食生产支持政策对粮食生产者的内源动力激励不足所致。这可能是因为在粮食生产中，国家、粮食主产区和粮食主产区农民各自追求的目标不一致所造成的。在粮食生产中，国家的目标是粮食安全，粮食主产区的目标是发展地方经济，农民的目标是获得经济收益。三者虽然都在从事粮食生产，但动机和目标却是不一样的。粮食安全是国家层面考虑的问题，为了增加粮食的安全系数，出台一些粮食生产支持政策，鼓励粮食主产区和农民积极从事粮食生产。粮食主产区为了提升当地经济社会发展水平，在有可能的情况下，尽可能地发展非粮产业，以获得较好的经济效益。就农民个人而言，其思考的范围一般仅限于自身利益，通俗的说法就是“什么赚钱种什么”。这样，国家无论怎样鼓励农民多多种粮，只要农民在从事粮食生产的收益中不能得到正常收益，引导农民继续从事粮食生产也是比较困难的。这就会出现类似于“公用地的悲哀”，尽管大家都知道，过度放牧会使那块“公用地”草植枯竭，但谁也不愿意最早结束在那块“公用地”上放牧。

6.1.3　粮食主产区“种粮歧视”心理未得到改善

为了探究粮食主产区是否存在“种粮歧视”心理，本课题组从产粮大县中随机抽出50个产粮大县进行调查，发现地方政府比较普遍地存在着“种粮歧视”心理，这与“产粮大县，财政穷县”不无关系。产粮大县“种粮歧视”心理突出表现在其“十二五”规划中是否把粮食生产作为其发展的重点。调查发现：在“十二五”建设目标中，50个县中仅有19个县明确提出建立产粮大县、农业强县的目标，只占整体比重的38%；在战略发展重点中，仅有13个产粮大县提出以农业为主导的发展思想，仅占调

① 黄季焜，王晓兵，等．粮食直补和农资综合补贴对农业生产的影响[J]．农业技术经济，2011(01)：4－12.

查总数的1/4左右。这表明地方政府在思想上对农业发展的重视程度低，对粮食生产这个当地优势产业重视程度不高。不仅如此，调查的50个产粮大县还对耕地保护动力不足，仅有19个县对耕地保有量进行了明确规划，占调查总数的38%。调查中还发现，在优势产业规划中，只有13个县提出以农业为主导，占总调查总数26%，而以第二、第三产业为主导的就有26个县，占调查总数的52%。这表明，地方政府在支持地方经济发展的主导产业选择上，更倾向于对地方经济贡献较大的二、三产业。

产粮大县“十二五”规划是“十二五”期间经济社会发展的纲领性文件，是指导产粮大县经济社会发展的蓝图，其规划的发展思想对产粮大县的发展方向起着至关重要的作用。产粮大县是我国粮食安全的重要支撑，产粮大县对粮食生产的轻视直接威胁着我国粮食供给的安全。前述的调查结果表明，多数产粮大县之所以未把粮食产业作为发展重点本质是在思想认识上存在着严重的“种粮歧视”心理。之所以有“种粮歧视”，是因为种粮不能产生他们理想的经济收益，这种状况如不能得到改变，将会使我国粮食安全性处于危险的境地。

6.1.4　耕地非粮化趋势得不到遏制

2005年1月19日，时任农业部部长的杜林青颁布了农业部47号令，公布了农村土地承包经营权流转管理办法，标志着我国农村耕地经营制度的一次新的变革。农村土地承包经营权流转的本意是使农业土地经营制度进一步适应市场经济的发展，促进农村和农业经济发展，较快地改变业已存在的“三农”现象，以期改变土地零碎化，不利于现代农业机械、农业技术投入问题，进一步提高农业效益，为建立现代农业经营体系奠定土地基础，同时，解决掉“小生产与大市场”的矛盾。从2011年之后，农村土地流转呈现加速趋势。农村土地承包经营权的流转，对于土地的规模化利用、专业化生产、集约化组织均有诸多益处。但不可否认的是，土地流转加速了农业用地的“非粮化”进程。据王宝瑞研究，截至2012年底，我国土地总流转面积为2.78亿亩，流转后用于种植粮食作物的面积为

1.56亿亩，仅占耕地流转总面积的56%，这与土地流转前粮食播种面所占比例差距较大。①

6.2 粮汇、粮汇交易概念提出及其解析

6.2.1 粮汇、粮汇交易概念的提出

如前分析，现有以“外源扶持”为核心的粮食生产支持政策，由于不能从根本上解决粮食主产区与粮食主销区的利益失衡问题，所以，现有的粮食生产支持政策在提高粮食主产区农民和地方政府种粮的积极性作用上逐渐式微。而且，现有的粮食支持政策资金是由中央财政和地方财政分别负担的，由于粮食主产区经济发展水平一般都低于粮食主销区，所以，粮食主产区没有足够的资金投资农业基础设施建设，严重地抑制了粮食主产区生产粮食的能力。这对承担国家粮食安全主体责任的主产区来说极不公平，直接影响着主产区农民种植粮食的积极性，同时，这也违背了国家粮食生产支持政策的初衷。② 同时，自从我国开始粮食主产区和主销区划分开始，就有学者和官员认为粮食主销区应对粮食主产区给予一定的资金支持，以补偿粮食主产区承担国家粮食安全供给的额外付出，并且这一观点已被多数学者认同。但是，针对“如何补?”“补多少?”“怎么补?”现有的粮食支持政策并没有可操作的规定，以至于粮食主销区对粮食主产区如何提供补偿的问题一直没有得到解决。长此以往，不仅会挫伤粮食主产区农民生产粮食的积极性，还会威胁到我国的粮食安全。所以，我们认为，现有的粮食生产支持政策在理论上存在较大的缺陷。

本书以“粮食主产区与粮食主销区在粮食安全上负有同等的责任”为基本观点，拟从平衡粮食主产区与粮食主销区利益关系的角度切入，提出以创建粮汇和粮汇交易为核心的支持粮食生产制度体系。

---

① 万宝瑞. 当前我国农业发展的趋势与建议[J]. 农业经济问题,2014(04):4-7.

② 王海全,李华. 粮食直接补贴中主产区与主销区之间的利益关系[J]. 统计与决策,2006(09):39-40.

粮汇和粮汇交易是为平衡粮食主产区与主销区利益关系，提升粮食主产区农民产粮积极性，抑制粮食主销区“种粮歧视”行为而设计的一套增加粮食供给，保障粮食安全的制度体系。

6.2.2 粮汇

粮汇是衡量一个地区对粮食安全贡献的一个量化指标。粮汇中蕴含着种粮投入的劳动量，一个地区创造的粮汇越多，说明投入的劳动量越大，粮汇收益就越大，反之，一个地区创造的粮汇越少，说明投入的劳动量越少，粮汇收益就越少。由于粮食主产区和主销区产业结构不同，人均产粮数量不同，其粮食供给就会出现盈余、亏欠和自足三种情况，这三种情况通过一定的换算反映到粮汇上，粮汇在数值上就会出现正值、负值和零三种结果。因此，粮汇可以作为粮食主销区对粮食主产区利益补偿的基本依据——主产区粮食盈余，其粮汇为正值，获得粮汇收益，正值越大，收益越多；主销区粮食差欠，其粮汇为负值，需要粮汇付出，绝对值越大，付出越多。这样，粮汇就可以成为经济杠杆来平衡粮食主产区和主销区之间的利益关系。

由于主产区和主销区是“粮汇盈余”和“粮汇差欠”两类不同的区域，奠定了粮汇交易存在的基础，通过一定的制度设计，就能形成粮汇交易。

6.2.3 粮汇交易

粮汇交易是通过制度或法律创建的一种拟制交易。其基本原理是：主产区通过增加粮食生产，获得粮汇盈余，将盈余的粮汇，通过一定的交易平台（粮汇交易中心）出售出去，获得粮汇收益。主销区由于粮食差欠，则需要购买粮汇，承担其粮食安全责任。

粮汇交易与粮食交易是两个不同的概念，实际粮食市场的交易模式和交易程序不会受粮汇交易的影响。

6.3 粮汇、粮汇交易的合理性和科学性

6.3.1 粮食的多重属性

粮食是特殊的物品，除具有一般商品的经济属性外，还具有生态性和

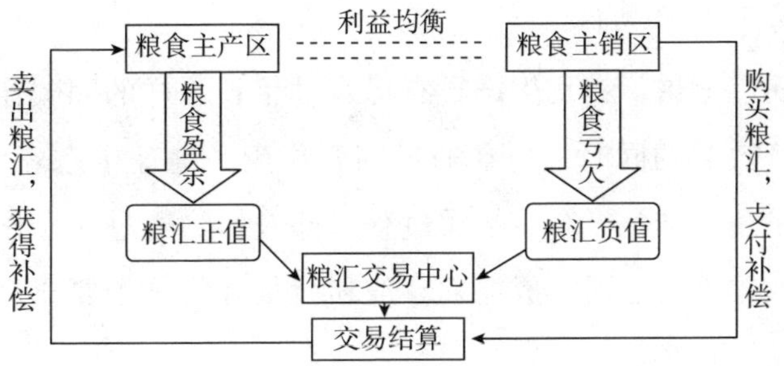

图 6-1 粮汇交易原理

社会性两种属性。所以，对于粮食生产对社会的贡献不能仅仅从经济层面考虑。在粮食支持政策中，引入粮汇与粮汇交易的概念正是考虑到粮食主产区为国家粮食安全和生态环境做出贡献的因素。

6.3.1.1 经济属性

从经济属性上讲，粮食是商品。粮食是生物产业，受生物本身生产性的制约，不能像工业那样采取自动化的生产线生产，所以单位面积产能永远赶不上工业品的单位面积产能，再加上我国人多地少的国情，从事粮食生产者如果只从经济效益上考察根本就赶不上其他产业。在市场经济条件下，市场中的每一参与者都具有“理性人”的特征，追求利益最大化是他们的本能，所以，“弃粮从它”以获得较高的经济收益，从经济学的角度思考，是非常正常的行为。但是，粮食是人们生存最基本的物质资料，其使用价值具有不可替代性，为了基本的生存，在社会分工体系内，又必须有一部分人从事粮食生产，承担保障国家粮食安全供给的任务，而“承担粮食安全供给任务”则超出了经济范畴而进入了社会范畴，粮食不仅可以作为商品自由买卖，还是稳定社会、维持人民正常生活的物质基础，所以，从这一点上讲，粮食具有社会属性。故粮食主产区农民在向社会提供“人民正常生活的物质基础”的同时，而没有获得正常的利益收获，他们有理由、也应该获得额外的补偿，以弥补他们的经济损失。通过粮汇交易的设计，让那些没有完成额定粮汇的省区向超额完成额定粮食的省区以粮汇的方式提供补偿就十分合理。

6.3.1.2 生态属性

从生态属性上讲，粮食生产具有像森林生长一样的固碳作用。粮食生产在创造经济效益的同时，也在通过固碳作用为地球生态环境做出贡献。我们知道，粮食生产是一个生物学过程，即农作物通过光合作用将二氧化碳和水转变成单糖，进而形成淀粉。淀粉就是谷物的重要成分。光合作用的生物化学反应式是

$$6CO_2+6H_2O\text{—光 叶绿体}\rightarrow C6H_{12}O_6+6O_2$$

从这个方程式可以看出：每生产 180 吨的粮食可以吸收 264 吨的二氧化碳，并且释放出 96 吨的氧气。经计算可以得出：生产粮食和吸收二氧化碳的比率为 1∶1.46。根据生物学原理，农作物的固碳作用实际上是其所有生物产量的贡献。我们的主要粮食作物属于谷类作物，谷类作物的经济系数①一般位于 0.3～0.4。按此原理，农作物生物产量 = 经济产量/经济系数。假如一亩地小麦产量（实际就是经济产量）为 500kg，经济系数按中间值 0.35 计算，那么，一亩地的生物产量则为：500/0.35 = 1428.6kg。2013 年，我国粮食总产量是 6.02 亿吨，按上述原理换算成生物产量则为：6.02/035 = 17.2 亿吨，其固碳数量为：17.2 × 1.46 = 25.1 亿吨。2005—2013 年，我国“退耕还林”工程使我国森林蓄积量增加 14 亿立方米，增加固化二氧化碳能力 25.6 亿吨。② 可见，2013 年我国粮食生产固化 CO_2 的能力与我国 9 年间实施退耕还林工程固化 CO_2 的数量基本相当。按照 2015 年我国碳汇交易价格 21 元/吨，则我国粮食生产除去其本身的经济价值外，还产生了 25.1 × 21 = 527.4 亿元的生态价值。而这个价值在计算农业的贡献时，却被忽略掉了。

从这一点上说，粮食具有生态性，生产粮食是一种保护生态环境的行为，其对生态环境的贡献应该从经济上得到补偿。

---

① 经济系数 = 生物产量/经济产量。

② 第八次全国森林资源清查结果显示：我国森林蓄积量达 151 亿立方米[EB/OL]. 新华网, http://news.xinhuanet.com/politics/2014-02/25/c_119488263.htm.

6.3.1.3 社会属性

从社会属性上讲，粮食具有社会属性。粮食问题关系到国计民生，已不仅仅是一个经济问题，更是一个社会问题甚至政治问题，关乎社会的稳定与发展。这是由粮食的特殊性所决定的。在目前人类的科技水平下，粮食是人类维持生命活动不可替代的物质，人类要发展必须先生存，所以，在世界人类生存与发展的竞争中粮食就成了竞争利器。在这一点上，美国人很早就悟到了这个道理，并直言不讳地在正式场合表达了出来。我国正在实施实现“中国梦”的伟大工程，容不得粮食问题出现任何闪失。维护粮食安全、粮食主权是粮食生产的最大社会性。

我国现在的主流意识形态是“发展才是硬道理”。有人称我国正处于发展主义时代。在发展主义成为主流意识形态的背景下，由于受到土地制约、生物制约和环境制约，农业不可能像其他非农产业那样带来丰厚的效益，粮食生产被推到弱势的一端，由此也成了被“嫌弃”的对象。

“优兴劣衰”，从产业经济学上讲符合经济发展规律，但当一个产业关乎人类的生存与发展时，就不能纯粹按照经济学规律运行了，因为这里的“优”“劣”是以经济效益作为标准的。粮食生产作为一个特殊的产业，其功能不能完全应用经济规律去衡量，而是要从一个国家一个地区社会可持续发展的角度去衡量。特别是经济性与社会性出现矛盾的产业，我们不能只关注经济性而牺牲社会性。对那些坚持社会性而从事粮食生产的区域给予经济补偿正是人类文明发展的体现。

6.3.2 创建以粮汇和粮汇交易为核心的支持粮食生产制度体系的科学性和合理性

6.3.2.1 科学性

判断一个政策是否科学，关键的一点是这个政策能否解决政策欲解决的问题，同时，科学的政策还必须在解决欲解决问题的时候能够有一定的理论解释性，得到社会的普遍认同。我国的粮食支持政策能够得到社会的认同，说明对粮食主产区进行利益补偿大家都认为是合理的，所以，执行起来非常顺畅。但是，从执行的实践和本课题前面分析的情况来看，我国的粮食支持政策虽然在一定程度上提高了粮食主产区农民的种粮积极性，但是，粮食主产区经济社会发展之后的问题并没有得到有效解决，从事粮食生产经济收益较低并没有得到有效解决。粮食支持政策的目的就是要解决粮食主产区“种粮吃亏”，消除粮食主产区和粮农的“种粮歧视”心理，但这个问题并未得到有效解决，因此不能说明现在的粮食支持政策是科学的。

如前所述，对粮食主产区进行利益补偿已经成为共识，但是，“怎么补?”“补多少?”“依据啥?”一直没有人提出可供操作且有科学依据的具体方案。本课题创建的粮汇和粮汇交易的概念，以此为核心建立的粮汇交易体系，可以较好地解决以往对粮食主产区利益补偿无法量化的问题。同时，在设计粮汇交易体系时，还引入了粮食主产区粮食种植变化率、可耕地置换率以及种粮勤勉度等指标，以考察粮食主产区对粮食生产的重视程度，并以重视程度作为粮汇数量的重要指标。所以，以粮汇和粮汇交易为核心的政策体系既能保证粮食主产区利益补偿量化性，也对粮食主产区对粮食生产的重视程度进行了约束，是目前比较科学的支持粮食生产的制度体系。

6.3.2.2 合理性

以粮汇和粮汇交易为核心的支持粮食生产制度体系，在充分考虑到粮食具有多重属性的基础上，利用粮食产品具有多元功能的思维，构建粮食生产政策架构，而不是把粮食完全作为一个经济产品去考虑。这是对粮食产品性质认识的深化，具有研究观点的合理性。本研究中粮食除了体现了粮食的经济性，更关注粮食的社会性和生态型。所以，在计算粮汇额度的时候，我们引入了“劳动当量”的概念。所谓劳动当量，就是劳动价值在主产区和主销区之间交换中的同等价值量。也就是劳动者在从事粮食生产或从事其他产业其所蕴含的价值量是相等的。这符合同等劳动价值量相等的哲学观点，符合马克思主义哲学的基本观点。

农业特别是粮食生产是一个弱质产业，从事粮食生产的劳动投入所产生的经济收益基本上属于最低的行业，那么，在市场经济条件下，人们自然就不愿意将劳动投入到粮食生产中。如果纯粹依照经济学的理论去解释粮食生产，则必然会出现粮食生产的弱化，这样下去，势必会影响人类发展的共同愿望。同时，基于前面所述，粮食又是一个特殊商品，具有社会属性和生态属性，粮食生产在产生经济效益的同时，还提供社会效益和生态效益，而社会效益和生态效益是不能简单用经济观点去衡量的。在市场经济社会，劳动的社会价值和生态价值往往被忽略。事实也是如此，我们在享用粮食主产区农民生产的粮食时，对他们创造的社会价值和生态价值并未付费，这对从事粮食生产的粮食主产区和粮农来说是不公平的。因此，我们利用“劳动当量”的概念，并以此为中心支撑，创建粮汇与粮汇交易理论，可以对粮食主产区进行利益量化补偿。同时，本书从理论上界定了粮食主销区在粮食安全上应该承担的责任，这样，就把保障粮食安全责任由粮食主产区独自承担转化成了粮食主产区和粮食主销区共同承担，这为我国粮食安全增加了承担主体，提升了粮食安全系数，所以，从增加粮食的安全性上看也是合理的。

6.4 创建粮汇交易机制在保障粮食安全上的独到作用

创建粮汇机制和粮汇交易制度既是主产区利益补偿的机制创新，也是保障国家粮食安全手段的创新，其独到作用体现在以下六个方面。

6.4.1 可以作为粮食主产区利益补偿的量化依据

长期以来，粮食主产区在为国家粮食安全做出贡献的同时，也承担着失去经济发展的机会成本，直接制约着粮食产区农民种植粮食的积极性。虽然对粮食主产区进行利益补偿已经成为主流观点，但是，“如何补?”“补多少?”一直没有量化的依据，以致形成了事实上的粮食主产区一直“吃亏”的局面。创建粮汇机制和粮汇交易制度，为粮食主产区的经济利益补偿提供了量化依据，产粮越多，获得补偿越多，提高了产粮的积极性。主销区由于承担着粮汇的补偿责任，自己产粮多了，就会减低自己的粮汇补偿金额，也促使自身尽可能低得多生产粮食，以减少粮汇的支出。由此可以看出，创建粮汇机制和粮汇交易制度，能够有效平衡主产区和主销区之间的经济利益关系，客观上形成了主产区和主销区均主动地承担起粮食安全的责任，有效筑起了粮食安全的保障。

6.4.2 可以克服粮食主产区的“粮食歧视”心理

“产粮大县，财政穷县”，“产粮大省，财政穷省”已经成为我国区域经济发展发展中一个非常普遍的现象。那些产粮大县、产粮大省因为保障粮食供给而没有得到合理的经济补偿，在“发展才是硬道理”的主流社会意识下，导致了粮食产区从政府到农民逐渐强化的“种粮歧视”心理。在政府层面，由于粮食种植比较效益低下，从主观上讲，政府不愿意更多地对粮食种植进行投资，客观地说，由于是“财政穷省”造成了发展再生产资金积累的短缺，政府不可能甚至也不愿拿出更多的资金发展粮食生产，致使粮食产区的产粮能力出现动力缺乏、资金不足的现象。在农民层面，由于同样的原因，农民产生种粮规避心理和行为——减少种粮的物质和人力的投入，甚至撂荒，在追求经济利益最大化的心理支配下，从事能够为自己带来较大收益的活动，这直接影响了粮食的产出。创建粮汇和粮汇交易对粮食主产区的省区来说，他们从事粮食生产，其超出自己食用部分可以按劳动当量结算出售，从而获得和从事其他产业一样的均衡收益。这样，粮食主产区就可以利用自己从事粮食生产的自然、地理和区位优势，发挥自己的比较优势，获得满意的经济收益，粮食主产区的省区自然就会消除“种粮歧视”的心理和行为，客观上促进粮食的安全供给。

6.4.3 可以防止地方政府利用耕地“占补平衡”政策的寻租行为

1998年8月，第九次全国人民代表大会常务委员会第四次会议修订了《土地管理法》，明确规定“国家实行占用耕地补偿制度”，其中，对“非农业建设经批准占用耕地的，按照‘占多少，垦多少’的原则”这就是我们通常所说的“占补平衡”的耕地保护原则。2004年8月28日第十届全国人大常务委员会第11次会议对《土地管理法》进行了再一次修正，“占补平衡”的耕地保护原则仍然被保留下来。耕地占补平衡作为一项重要的保护耕地的制度，自1999年施行以来，在耕地保护、维护国家粮食安全方面功不可没。但是在执行中，由于“面积平衡”容易把握，“质量平衡”不易确定，甚至某些地方政府开始了政策寻租行为：以劣质的后备耕地去“平衡”优质农田。特别是在土地后备资源越来越少的工业发达地区，为了追求地方利益，甚至毁林造地、围湖造地，换取非农建设用地指标，极大地威胁着农业发展的可持续性。创建粮汇机制和粮汇交易制度由于是以粮食产出量作为粮汇确定的依据，那些以次充好、“狸猫换太子”式的“占补平衡”并不能产出原来耕地所能产出的粮食，粮汇支付数额并不能减少，从而也就遏制了滥占耕地的势头，有效地克服了某些地方政府利用占补平衡政策的利益寻租行为。

6.4.4　可以促进粮食主体功能区的建设

2010年，我国发布了国家主体功能区建设规划，我国地域广袤，生态环境多样，资源禀赋各异，建设主体功能区能够发挥各区域的比较优势，促进区域间的协同发展。但是，由于种粮比较效益低下，粮食主产区对于发展以粮食为支柱产业多有顾忌。创建粮汇和粮汇交易机制，粮食主产区不仅从粮食种植本身获得经济收益，还可以得到粮汇补偿，这将大大提升其建设粮食主体功能区的积极性。

6.4.5　可以开辟构建粮食安全屏障的新思维

长期以来，从政府层面到学术层面，对我国粮食安全均存在一个不可忽视的误区，好像粮食安全的主要责任应该由粮食主产区承担，以至于政府的粮食政策和学界关于粮食安全的研究基本上都是关注粮食主产区应该如何发展粮食生产以保障国家的粮食安全。这个观念有失偏颇。事实上，在国家粮食安全问题上，粮食主产区和粮食主销区应该承担同等的责任，粮食主销区不能因为不具备粮食生产的比较优势就放弃对国家粮食安全责任的承担义务。构建粮汇与粮汇交易机制将从政策上确定粮食主销区在粮食安全上的责任，从客观上督促粮食主销区履行国家粮食安全的义务，这对澄清粮食安全由粮食主产区承担的片面认识，对增加国家粮食安全系数大有帮助。

6.4.6 减轻粮补负担，优化支农政策，高效利用财政资金

我国的粮食支持政策资金实行的是中央财政与地方财政共同负担的模式，由于与中央相对应的30多个省、市、自治区均需要中央政府配套粮食生产支持资金，所以，粮食支持政策资金的数量非常巨大，仅粮食直接补贴一项中央财政近几年每年就要拨付151亿元，如果再加上其他的农业支持资金，则每年要拨付1800多亿元，给中央财政增加了很大的压力。与此同时，粮食主销区在享受粮食供给“红利”的情况下，并没有对国家粮食安全承担起应该承担的责任。构建以粮汇与粮汇交易为核心的粮食生产支持政策，使得粮食主销区必须承担起应有的粮食安全责任，这样就减轻了中央财政对粮食生产支持资金的压力，使中央的农业支持资金得到优化，更多地应用到大型农村基础设施、大型农业水利设施以及新农村建设中去，提升了中央财政支农资金的有效性，有利于较快地解决农村、农业、农民，即所谓的“三农”问题，促进城市与乡村和谐发展。

第七章　粮食主产区利益补偿的制度体系运行与建议

粮食主产区利益补偿制度体系运行包括三个方面，一是粮汇交易体系的构成，主要包括粮汇交易中心、粮汇交易主体和粮汇交易模式。二是粮汇额度计算的影响因素，包括粮汇计算的指导思想和粮汇计算的影响因素，影响因素包括粮食种植面积变化率和种粮勤勉度。三是粮汇的计算方法和粮汇计算公式。

7.1　粮汇交易体系

粮汇交易体系是为保证粮汇交易合法有效运行而设计的一套制度体系。创建粮汇交易体系并使之有效运行，需要建立国家粮汇交易中心对粮汇交易主体、额定粮汇计算、粮汇交易模式做出规定，并对其运行要求和运行机制做出安排，以便形成可供操作的完整的粮汇交易体系。

7.1.1　创建粮汇交易体系的指导思想

粮汇交易体系是本书创建的支持粮食生产制度的核心。从指导思想上看，对粮食主产区利益补偿不仅是对粮食主产区的补偿，而且是一种社会行为。不仅是经济补偿，更是对粮食主产区承担的社会责任和生态责任的承认，因此，研究粮食主产区利益补偿政策要体现多元化思维，让粮食主产区能够在为社会做出贡献的同时，得到合理的补偿。在具体政策设计时，力求简捷易行，可操作性强，有量化依据。同时兼顾主产区和主销区双方的利益，最终目的是激励包括粮食主销区在内的产粮区域的粮食生产积极性。新的粮食支持政策要能够实现我国粮食生产与其他非粮生产的协调一致，绝不能出现因强调粮食生产而抑制其他产业发展的状况。

7.1.2 粮汇交易体系构成

7.1.2.1 粮汇交易中心

粮汇交易中心是全国粮汇盈余省区（粮食主产区）和粮汇差欠省区（粮食主销区）进行粮汇买卖的交易场所，其功能是保证粮食主销区对粮食主产区利益补偿的及时、足额到位。粮汇交易中心由交易场所、粮汇交易系统和工作人员组成，负责着粮汇交易功能的实现。粮汇交易中心由国务院授权成立，指定相关部、局具体负责运行，是我国粮汇交易唯一的合法交易场所，其他任何组织和个人都无权组建与运作粮汇交易。之所以这样规定，是为了保证粮汇交易的严肃性、合法性和唯一性。

7.1.2.2 粮汇交易主体

根据“米袋子省长负责制”的政策要求，以省、自治区、直辖市作为粮汇买卖双方的交易主体，不容许其他身份的单位和个人进场交易。在每年的交易时间内，凡是粮汇不等于零的省份都应该进场交易，粮汇为正值的省份可以从粮汇交易中心获得粮汇收益资金，作为对继续提高粮食产量的投入资金和对粮农的经济补偿；粮汇为负值的省份应该从粮汇交易中心支付粮汇补偿资金，作为对承担粮食安全责任亏欠的补偿。粮汇值等于零的省份，出于对未来工业化和城镇化的考虑，也可以进场预先购买粮汇，从而为自己进行粮汇储备。

7.1.2.3 粮汇交易模式

粮汇是一个地区承担国家粮食安全的责任，从本质上说不是主产区和主销区之间的责任和义务，主产区享受粮汇收益的责任主体是国家，主销区粮汇补偿的对象也是国家，主产区和主销区履行粮食安全责任是在国家粮食安全框架下的一种行为，因此，粮汇交易模式并非主产区和主销区之间的点对点交易。主产区和主销区在国家粮汇交易中心进场交易，完成粮汇收益和粮汇支付履约，其交易的对象均是代表国家行使粮食安全责任的粮汇交易中心，实际上是国家通过设立粮汇交易中心行使国家粮食安全的监管职能。国家粮汇交易中心会同国家统计局等有关职能部门，在每年的固定时间内，计算出主产区和主销区省份的粮汇额度，向有关省份发出粮汇盈亏通知书，有关省份在规定的时间内，到粮汇交易中心进行粮汇交易清算，这样可以保证主产区及时得到粮汇补偿收益，主销区及时履行粮汇支付责任，有效制止了粮汇的拖欠问题。鉴于我国处于快速工业和城镇化阶段，耕地面积缩减较快，自我产粮能力递减，每年的粮汇交易会出现粮汇结余，结余的粮汇可以建立粮汇交易基金，用于农业基础设施的投资，以改善农业生产条件，促进粮食生产，使我国粮食安全和粮食生产进入良性循环。

7.2　粮汇额度计算

7.2.1　粮汇额度计算的基本思想

粮汇额度计算是创建粮汇交易机制最为核心的部分。粮汇额度涉及粮食主产区和主销区利益均衡问题，对双方利益均有较大的影响，需要科学而缜密地进行。

粮汇额度计算的基本思想应该是：既要防止地方政府因追求经济利益产生“粮食生产歧视”，以致影响粮食安全的行为，又要防止地方政府出现“以粮为纲”影响地方政府偏离全面发展经济的行为。目的是通过粮汇交易的形式，使粮食主产区和粮食主销区在保障国家粮食安全上负起均衡的责任，解决长期以来形成的主产区和主销区之间的经济利益失衡问题。

7.2.2　影响粮汇额度计算的因素

根据这个基本思想，粮汇额度应与某个地区粮食种植面积变化率和粮食生产的勤勉程度有关。粮食种植面积变化率反映出某个地区对粮食生产的重视程度，粮食生产的勤勉程度则可以某个地区对粮食生产的资金、物质和劳动的投入占社会总投入的比值来表示。为了量化这两个指标，我们设计了如下两个公式予以量化：

（1）粮食种植面积变化率

$$R = \frac{S_0 - S_1}{S_1} \times 100\% \tag{1}$$

R 为粮食种植变化率；S_0 为当期粮食种植面积；S_1 为基期粮食种植面积。

变化率为正值时，表示本区域粮食种植面积递增，正值越大，表示增加粮食种植面积比例越高。负值表示本区域粮食种植面积递减，绝对值越大，表示种粮面积减少越多。

实践中，有些地方政府为了拓展耕地占用空间，利用“耕地占补平衡”政策寻租，以次充好，影响粮食生产。为了阻止这种行为，就要增加一个占补平衡增加耕地面积权重，予以单列计算，增加后，上式改写为

$$R = \frac{S_{01} + \sum S_x - S_1}{S_1} \times 100\% \tag{2}$$

R 为粮食种植面积变化率；S_{01} 为当期非置换粮食种植面积；$\sum Sx$ 为置换的粮食种植面积总和；S_1 为基期粮食种植面积。

其中：

$$\sum Sx = \sum S_0 - n\frac{y_0 - y_n}{10} \qquad y_0 - y_n \leqslant 10$$

$S0 - n$ 为当期到基期某年的耕地置换面积；y_0 为当期年份；y_n 为耕地置换年份

公式中加入 $y_0 - y_n \leqslant 10$ 的限制条件，是基于假设置换的新开垦土地通过十年耕种后可以变为正常的农业用地，当 $y_0 - y_n = 0$ 时，表示置换耕地已经成了正常耕种的熟地，此时，$\frac{y_0 - yn}{10} = 0$，从置换耕地面积除去，视为正常耕地。

利用上述公式，我们对 1994 年以来各省区粮食播种面积的变化率进行了计算。之所以基期选择 1994 年，是因为在 1994 年我国开始实行“米袋子省长负责制”。由于各省区置换耕地面积目前不易获得，公开的资料无

法找到，所以，粮食种植变化率暂时没有涉及这个因素。各省区粮食种植变化率如表7－1所示。

从计算结果可以看出，粮食主销区粮食播种面减少幅度普遍高于粮食主产区。除北京、上海、天津3个直辖市因是以城市为主，近些年城镇化发展迅速，粮食播种面积减少较多以外，浙江、福建、广东、海南等省的粮食播种面积亦大幅度减少，其中最为严重的浙江省，粮食播种面减少竟达53.38%，福建省也减少了40.41%。在科技水平一定的情况下，粮食生产量与播种面积呈正比。粮食主销区耕地面积减少如此之多，可见其对粮食生产的重视程度是比较低的。相反，粮食主产区粮食播种面积变化率普遍低于粮食主销区，虽然，粮食主产区的有些省份粮食播种面也有所减少，减少最多的省份是四川省，减少8%，其次是河北、山东和湖北3个省份，分别减少6.02%、6.51%和6.92%，但这个比例也远低于粮食主销区。同时我们看到，粮食主产区的多数省份粮食播种面积在增加：黑龙江省增加粮食播种面积56.85%，吉林增加42.37%，内蒙古增加42.21%，即使是人口大省的河南省11年间粮食播种面积也增加了16.53%。

表7－1　1994—2015年粮食产销区粮食种植变化率

地区	类型	1994年粮食播种面积（千公顷）	2015年粮食播种面积（千公顷）	粮食种植变化率（%）
北　京	主销区	430.00	104.50	－75.70
天　津	主销区	417.40	350.00	－16.15
上　海	主销区	349.70	161.90	－53.70
浙　江	主销区	2741.04	1277.80	－53.38
福　建	主销区	2002.25	1193.20	－40.41
广　东	主销区	3306.07	2505.80	－24.21
海　南	主销区	549.42	375.60	－31.64
河　北	主产区	6801.70	6392.50	－6.02
内蒙古	主产区	4027.00	5726.70	42.21
辽　宁	主产区	3026.40	3297.40	8.95
吉　林	主产区	3566.70	5078.00	42.37

续表

地区	类型	1994 年粮食播种面积（千公顷）	2015 年粮食播种面积（千公顷）	粮食种植变化率（%）
黑龙江	主产区	7501.00	11765.20	56.85
江　苏	主产区	5748.78	5424.60	-5.64
安　徽	主产区	5879.54	6632.90	12.81
江　西	主产区	3434.40	3705.60	7.90
山　东	主产区	8014.00	7492.10	-6.51
河　南	主产区	8810.90	10267.20	16.53
湖　北	主产区	4797.95	4466.00	-6.92
湖　南	主产区	5077.37	4944.70	-2.61
四　川	主产区	7015.00	6453.90	-8.00

资料来源：Wind 资讯。

从粮食播种面变化率可以看出，粮食主产区和主销区对粮食生产的关注程度差别较大。如果任由粮食主销区忽视粮食生产，则我国粮食安全供给将会承受更巨大的压力，既然粮食主销区“弃粮从它”获得了较高的经济收益，那么，对于坚守粮食生产的主产区进行利益补偿就是非常合理的。同时，经济的补偿也能给粮食主销区一定的压力，使其尽可能地保护耕地，生产较多的粮食，这对于我国粮食安全是非常必要的。

（2）种粮勤勉度

粮食产出不仅与耕地保护度有关，也与种粮勤勉度有关。所谓勤勉度，就是一个地区对粮食生产的重视、关注程度，判断一个地区粮食生产关注度的高低，主要表现在对农业基础设施和粮食生产的投入占该地区国民生产总投资的比值多少上。我们将这个比值称为勤勉系数。系数越高，表明粮食生产勤勉程度越高，反之，表明粮食生产勤勉程度越低。勤勉系数的数学表达式为

$$I = \frac{\sum GI}{V \times AC} \tag{3}$$

I 为勤勉系数；$\sum GI$ 为某地区粮食生产总投资；V 为某地区国民生产总投资；AC 为粮食生产适应性系数。

粮食生产适应性系数是由权威专家根据某一地区的土壤、气候和地理等特征，综合研究后得出的对某一地区是否适合粮食生产做出的评价指标。适应性系数分为5个级别：适应（记为1），基本适应（记为0.8），基本不适应（0.6），非常不适应（0.2），完全不适应（记为0），完全不适应粮食种植区考核其粮食生产的勤勉程度没有意义。

我们以2015年粮食主产区和主销区对于农业的投资情况进行了计算，以比较二者的差异，如表7－2所示。

由于粮食适应性系数需要专家进行科学评估，在没有这样的系数确定之前，我们暂时先按1看待。此外，由于对于粮食产业投资没有公开的统计数据，此次计算用农业投资作为依据，这也能部分说明问题。

从计算数据中看到，粮食主销区种粮勤勉度要低于粮食主产区。粮食主销区的种粮勤勉度系数最高才达到0.02%，而粮食主产区的勤勉度系数最高达到了0.09%，二者相差4.5倍。从二者的平均系数来看，粮食主销区是0.016%，粮食主产区是0.04%，二者也相差2.5倍，这足以说明粮食主销区对粮食生产的忽略程度。我们知道，粮食主销区的经济发展水平要比粮食主产区的经济发展水平高得多，按理说，如果对粮食生产重视程度一样的话，粮食主销区对于粮食生产的投资能力会更强，而事实上却相反，其对粮食生产的投资更少。这只能给出这样的合理解释：粮食主销区对粮食生产没有兴趣，但对于国家整体来讲则可能会造成粮食安全供给的问题。

表7－2　2004年粮食产销区种粮勤勉度

地区	类型	全社会固定资产投资（亿元）	农业固定资产投资（亿元）	勤勉系数（%）
北　京	主销区	6924.2	145.8	0.02
天　津	主销区	10518.2	214.3	0.02
上　海	主销区	6016.4	11.9	0.00
浙　江	主销区	24262.8	305.0	0.01
福　建	主销区	18177.9	472.8	0.03

续表

地区	类型	全社会固定资产投资（亿元）	农业固定资产投资（亿元）	勤勉系数（%）
广　东	主销区	26293.9	366.6	0.01
海　南	主销区	3112.2	47.4	0.02
河　北	主产区	26671.9	1204.3	0.05
内蒙古	主产区	17591.8	1125.7	0.06
辽　宁	主产区	24730.8	662.2	0.03
吉　林	主产区	11339.6	608.5	0.05
黑龙江	主产区	9829.0	841.6	0.09
江　苏	主产区	41938.6	323.3	0.01
安　徽	主产区	21875.6	667.0	0.03
江　西	主产区	15079.3	394.7	0.03
山　东	主产区	42495.5	1166.3	0.03
河　南	主产区	30782.2	1343.2	0.04
湖　北	主产区	22915.3	639.6	0.03
湖　南	主产区	21242.9	811.4	0.04
四　川	主产区	23318.6	608.9	0.03

资料来源：中国统计年鉴2015。

7.3　粮汇额度的计算方法和计算公式

前面两个计算公式均是衡量某地区是否存在粮食生产歧视行为以及歧视程度的指标，这两个指标只能对粮食生产歧视行为做出评价，并不能对其承担粮汇的具体值做出精确计算。我们知道，无论是耕地保护率还是粮食生产勤勉度最终都要通过粮食产出量来体现。所以，粮汇的计算必须与粮食产量自身粮食消耗量相联系。但粮食是特殊商品，粮汇的补偿不能以粮食本身的商品价值作为计算依据。必须考虑主产区为保证粮食安全付出的机会成本，这就引出了劳动当量的概念。劳动当量是劳动价值在主产区和主销区之间交换中的同等价值量。也就是劳动者从事粮食生产或从事其他产业所蕴含的价值量是相等的。基于这些，确立了粮汇计算公式：

$$GS = \frac{Y - C}{X} \times \frac{I}{L} \tag{4}$$

GS 为某省粮汇额度；Y 为某省粮食产出量；C 为某省粮食消耗量；X 为某省粮农当年人均粮食产出量；I 为当年域内省份人口总收入①；L 为域内省份就业人口。

式中：$\frac{Y - C}{X}$，其含义就是某省粮食产出余量中所蕴含的劳动当量。

根据这个公式，我们初步计算出了我国粮食主产区和主销区粮汇情况，结果如表 7－3 所示。

从表中数据可以看出，粮食主销区由于粮食产量不能自给，所以，其粮汇均出现负值，而且粮食产量越少，其粮汇负数越大，因此需要支付的金额也越大。同理，粮食主产区产量越多，其粮汇正数值也越大，因此能够获得的收益也越多。广东省粮食自给率最低，需要支付的粮汇额度也最大，每年达到了 12221.3 万元，黑龙江省由于对粮食安全贡献最大，也因此获得粮汇收益最大，达到 2465.3 万元。虽然这些粮汇额度绝对值不算大，但是毕竟有了一个对粮食主产区定量补偿的办法。同时，如果再考虑到粮食种植变化率和种粮勤勉度的影响，作为权重加权到粮汇额度计算之中，二者之间的粮汇额度相差会更大，对粮食主产区的补贴力度也会更大，对粮食安全的贡献也就越大。

需要说明的是，①粮汇政策与现行粮食生产支持政策并行不悖，并且是因为有了粮汇政策，原来的粮食支持政策就终止执行。粮汇支持政策只是解决了粮食主产区利益补偿如何定量的基本问题。②粮汇补偿政策涉及粮食主产区的多个方面，同时也需要各种数据的真实可靠，目前我们计算有些数据，现行的统计数据库里查找不到，影响了数据的准确性，所以，目前的计算只是一个模式性试验。

---

① 域内省份是指参与粮汇交易的省份，具体是指 13 个省份的粮食主产区和 7 个省份的粮食主销区。另外 11 个份属于粮食平衡区未计算在之内。

表7-3　2004年粮食产销区基础粮汇额

地区	类型	粮食产量（万吨）	粮食消耗量	第一产业从业人员（万人）	粮农当年人均粮食产出量（吨）	劳动者总收入（亿元）	就业人口（万人）	粮汇值（万元）
北京	主销区	63.9	860.6	52.4	1.2	11118.4	1156.7	-2673.6
天津	主销区	176.0	606.7	68.0	2.6	6300.3	877.2	-680.8
上海	主销区	112.5	970.3	44.8	2.5	10296.5	1365.6	-1398.1
浙江	主销区	757.4	2203.2	501.7	1.5	18534.3	3714.1	-3919.2
福建	主销区	667.0	1522.4	615.8	1.1	12504.6	2648.5	-3231.5
广东	主销区	1357.3	4289.6	1382.4	1.0	32361.6	6183.2	-12221.3
海南	主销区	186.6	361.4	231.1	0.8	2034.8	543.1	-886.0
河北	主产区	3360.2	2953.5	1398.9	2.4	14840.8	4202.7	692.8
内蒙古	主产区	2753.0	1001.9	582.0	4.7	8757.2	1485.4	1514.8
辽宁	主产区	1753.9	1756.4	687.9	2.5	13263.8	2562.2	-4.0
吉林	主产区	3532.8	1101.0	533.6	6.6	5682.3	1447.2	1503.1
黑龙江	主产区	6242.2	1533.2	798.6	7.8	6551.0	1932.0	2465.3
江苏	主产区	3490.6	3184.0	918.8	3.8	28660.2	4760.8	330.2
安徽	主产区	3415.8	2433.2	1415.3	2.4	9608.9	4311.0	1666.1
江西	主产区	2143.5	1816.9	801.4	2.7	6384.2	2603.3	499.7
山东	主产区	4596.6	3915.8	2023.2	2.3	23810.5	6606.5	1226.3
河南	主产区	5772.3	3774.4	2651.7	2.2	17469.0	6520.0	3755.8
湖北	主产区	2584.2	2326.4	1487.0	1.7	13346.5	3687.5	607.0
湖南	主产区	3001.3	2694.9	1651.4	1.8	13781.8	4044.1	689.9
四川	主产区	3374.90	3256.08	1909.00	1.77	12661.64	4833.00	275.03

资料来源：中国统计年鉴2015。

注：粮食消耗量按每年400公斤/人进行计算。

7.4　粮汇交易的运行

7.4.1　粮汇交易主体的责任

如前所述，粮汇交易主体由粮食主产区、粮食主销区和中央政府三方构成。在粮汇交易过程中，三方承担着不同的责任与义务。

粮食主产区（受汇方）：粮食主产区由于是粮食的输出方，创造了粮汇值，其粮汇为正值，在粮汇交易过程中属于受汇方。即通过粮汇交易过程，将本区域所创造的粮汇额度，通过国家粮汇交易中心变现，进入本区域粮汇专用账户，成为本区域利益补偿。受汇方得到的利益补偿一部分可以用于粮农的种粮补贴，一部分可以用于改善农业基础设施条件，循环式增加粮食生产能力，为来年创造更多的粮汇提供条件。

粮食主销区（供汇方）：粮食主销区由于自身生产粮食亏欠，需要粮食主产区调入粮食维持食用需要，所以，按照粮汇理论，其粮汇为负值，因此，在粮汇交易过程中属于供汇方。即通过粮汇交易过程，将本区域所亏欠的粮汇额度，通过粮汇交易的方式付现，从本地区粮汇专用账户划拨到国家粮汇交易中的专用账户，作为自身对没有承担粮食安全责任的一种经济补偿。供汇方的资金来源由粮食主销区财政收入或粮汇专用基金支付。

中央政府：中央政府是粮汇交易的组织方。为了使粮汇交易正常进行，中央政府需要成立国家粮汇交易中心，具体负责粮食主产区和粮食主销区之间的粮汇交易工作，直接对国务院负责。粮汇交易中心负责粮汇交易规则的制定，粮汇额度计算、粮汇额度通知以及交易时间的确定。

7.4.2　粮汇基期和粮汇额度确定

粮汇基期按自然年度计算，一个自然年度为一个粮汇计算周期，从国家批准实施粮汇交易政策的次年开始。粮汇额度计算因为需要不同省区的粮食种植面积、粮食产量、人口变动等因素决定，所以，其额度计算一般应在国家统计局发布上年统计数据之后开始。国家粮汇交易中心依据粮汇计算公式和各省区的有关数据，按照一定的程序分别计算出各省区粮汇额度，上传到粮汇交易中心数据库公示，作为粮汇交易的基础数据。各省区针对粮汇交易中心的粮汇额度公示信息可以提出复核意见，反馈到国家粮食交易信息中心进行复核或更正，正式确立各省区的粮汇额度。

7.4.3　粮汇转移支付

粮汇转移支付由国家粮食交易中心负责。粮汇交易中心开设粮汇交易专户，用于粮汇交易双方（受汇方和供汇方）进行粮汇交易资金的转移支付。

转移支付的时间一般应在各省区粮汇额度计算完毕并通知到有关省区，供汇方履约之后进行。各省区也要建立粮汇专用账户，用于接收或支出粮汇交易资金，并保证专户操作，非粮汇专用账户不得介入粮汇资金接收或支出，以保证粮汇资金用于支持粮食生产和粮农收益补贴。国家粮汇交易中心具有粮汇资金使用的监管责任。同时，国家粮汇交易中心还具有敦促有关省区履约责任，制定有关制度予以确立，确保粮汇转移支付的顺利进行。国家粮汇交易中心对于不能按规定履约的省区要有规范的制度约束其履行粮汇支付责任。

7.4.4 粮汇交易政策运行的几个关键问题

（1）国家粮汇交易中心要有权威性和完善的组织结构。粮汇交易中心是国家为保障粮食安全，激励粮食生产而设立的执行机构，代表国家执行粮食安全保障任务，具有一定的权威性。同时，交易中心要有完善的组织结构和办公场所，以保证交易中心肩负责任的顺利落实。

（2）成立国家粮汇基金。粮汇交易基金是指在粮汇交易政策实施前，国家为实施粮汇交易政策的准备金。准备金的主要功能是粮汇交易中的拨备资金，主要用作粮汇交易过程中的调配资金。

（3）建立农业巨灾保险制度。当全国普遍性遭遇农业巨大灾害性天气造成粮食普遍性减产时，由保险公司承担部分农业保险责任。农业巨灾保险以国家粮食交易中心为主体申请投保。

（4）动态调整粮汇数额。粮汇政策制定的出发点是保证从事粮食生产的人们能够获得社会生产的平均收益，目的是保证粮食的足额供应。在开始实施粮汇政策时，由于对社会生产平均收益把握得不是很准确，可能会出现粮汇额度过头与不足的问题。同时，粮食的需求在人口数量和生活水平变化不大的情况下变动范围很小，甚至基本上是一个常数。粮食供给不足和粮食生产过量都会造成社会的负能量。这就需要对粮汇额度的计算实时动态调整，既不能因为粮汇额度不足出现“无人愿意种粮”的现象，也不能出现粮汇额度计算过度，出现粮食产量剩余的现象。通过粮汇额度动态调整，可以保证粮食的适量生产与供给。

第八章　研究结论与展望

8.1　研究结论

长期以来我国始终存在着“粮食大省，财政穷省”“粮食大县，财政穷县”的事实，极大地削弱了粮食主产区农民发展粮食生产的积极性，严重威胁着我国的粮食安全。尽管在学界、政界均认为应该对承担国家粮食安全责任的粮食主产区进行利益补偿，但是，“如何补?”“补多少?”“钱哪儿来?”尚无一致的结论。本课题对这个问题展开研究，并试图回答这三个问题，对于激发粮食主产区农民的产粮积极性，保障国家粮食安全具有重要意义。

8.1.1　我国现有的粮食支持政策解决粮食主产区利益补偿的局限性

通过对我国现有粮食生产支持政策的较为系统的研究，认为我国现有粮食生产支持政策体系不能从根本上解决粮食主产区的利益补偿问题。我国的粮食生产支持政策必须要有创新性的理论和政策，才能从根本上克服粮食主产区的“种粮歧视”心理，进而夯实我国粮食安全的基础。

从2004年开始，鉴于当时我国“三农”问题突出，我国在政策上加大了对“三农”的支持力度。特别是在粮食生产上其支持力度前所未有。通过研究我国的粮食生产支持政策，我们发现粮食支持政策的核心主要体现在对粮食种植补贴和耕地保护两个方面。进一步分析，我们认为粮食生产支持政策对粮食主产区和种粮农民在心理上产生了两个作用力——外源压力和诱致动力。外源压力主要表现在禁止耕地撂荒，设置基本农田保护区、粮食种植核心区，不能改变农业耕地用途等；诱致动力表现在免除农业税和各种激励粮食生产的种粮补贴以及保护性收购价格政策。客观地说，这些粮食生产支持政策在一定程度上激励了粮农种植粮食的积极性。但是由于农业的弱质性和粮食生产比较效益的低下以及农业生产资料价格的上涨，种粮农民享受政策补贴之后很难获得与从事非粮产业基本相等的劳动收益，所以，对农民种粮积极性的调动作用比较有限。特别是，现有的粮食生产支持政策对粮食主产区和粮食主销区在种粮补贴上没有设计有区别的激励政策，以至于“产粮大省，财政穷省”“产粮大县，财政穷县”的状况长期得不到解决，粮食主产区地方政府发展粮食生产的积极性就不可能受到较大的激励。由于粮食主产区是我国粮食供给的保障区，承担着我国粮食安全的主要责任，粮食主产区政府发展粮食生产的积极性调动不起来，对于我国粮食安全存在着巨大的威胁。所以，我们必须认真思考粮食支持政策的立论问题，如何将现有粮食支持政策产生的外源压力和诱致动力持久地内化为粮食主产区的产粮动力，彻底解决粮食主产区的利益补偿问题，是亟待解决的核心问题。因此，我们认为，我国的粮食生产支持政策必须要有创新性的理论和政策，才能从根本上克服粮食主产区的“种粮吃亏”心理，进而夯实我国粮食安全的基础。

8.1.2　创立了以粮汇概念为核心的粮食主产区利益补偿的理论基础

粮食是个特殊的商品。从粮食本身的属性来看，粮食不仅具有经济属性，还具有社会属性和生态属性，同时还是重要的战略物资，所以，不能把粮食生产行为完全看成是一个纯粹的经济行为。粮食生产者在从事粮食生产的过程中，在获得经济收益的同时，还承担着国家粮食安全的重要责任，承担粮食安全责任就是对国家的贡献，理应得到经济补偿。根据我国资源和气候的自然分布以及产业基础，我国划分了粮食主产区和粮食主销区。按照资源利用的最大化、功能区域化和比较优势等经济学原理，粮食主产区和粮食主销区的划分符合资源与产业最佳配合，实现资源的最优化利用，是成本最小化发展经济的策略。但是，由于粮食生产比较效益的低下，粮食主产区的经济发展受到较大的制约，以致粮食主产区的经济发展长期受到制约，粮食主产区地方政府和粮农普遍产生“种粮吃亏”和“弃粮从它”的心理，这最终会威胁到我国的粮食安全。

按照经济学理论，一个人的经济行为受对行为收益预期的制约，如果经济行为预期能够带来收益，对经济行为就有激励作用，反之，则有抑制作用。在粮食主产区，无论是地方政府还是种粮农民对于从事粮食生产也符合这个经济学理论。粮食支持政策，无论采取何种形式，只要不能使从事粮食生产者获得从事其他产业相同的收益，尽管粮食主产区具有粮食生产的资源优势，那么，从事粮食生产者也仍然不可能积极从事粮食生产。按照这样分析，我们在设计粮食生产支持政策时，就要把使粮食生产者获得满意的收益作为核心内容。

如前所述，粮食除了具有经济属性，还具有社会属性和生态属性，同时又是重要的战略物质，所以，粮食具有准公共产品的属性。基于此，本书借鉴碳汇交易原理，创建了粮汇和粮汇交易概念并以此为核心构建粮食支持政策的理论体系。碳汇交易的基本原理是：在人类文明的进步中，为了使人类从自然中得到更多的自由，人类会按照自己的需求创造很多非自然形成的产业，而这种非自然形成的产业在进行产品创造时会产生与自然环境自身发展相悖的副产品。CO_2就是在工业文明发展到一定程度后，伴生的超出大气环境自我修复能力的副产品。如不限制CO_2无节制地排放，就会威胁到人类的生存。虽然限制CO_2的排放世界各国达成了共识，但是怎样限制却是矛盾重重。为了兼顾发达国家和发展中国家的共同利益，使发达国家和发展中国家均能在限制CO_2过程中达到利益均衡，人类设计了碳排放交易机制——发达国家对于过量的CO_2排放进行付费，支援发展国家通过培育森林来吸收发达国家过量排放的CO_2。这一机制的创建不仅可以有效减少CO_2排放，也能平衡发达国家和发展中国家的利益关系，目前已形成了发达国家和发展中国家均能接受的保护大气环境制度。在我们国家，粮食生产遭遇到的困境与此相似，原理相通。在市场经济环境下，生产者总会将资源配给到能带来较大利润的行业，粮食由于比较效益较低，在市场经济规则下，生产者就会放弃粮食的生产而转寻收益较高的产业，这势必会威胁到我国的粮食安全甚至是民族的生存。根据二者在市场经济中性质的相似性，本书论证并证实了碳汇交易原理拓展应用于粮食主产区利益补偿政策的科学性与可行性。所以，本书借鉴这一原理创建了粮汇和粮汇交易概念及其理论观点，研究了粮汇和粮汇交易理论在粮食主产区利益补偿中的指导作用，形成了以粮汇交易为核心的粮食生产支持政策的理论基础。经深入研究发现：创建以粮汇交易为核心的粮食生产支持政策，可以对我国粮食生产和粮食安全起到6大作用：一是可以作为粮食主产区利益补偿的量化依据；二是可以克服粮食主产区的“粮食吃亏”心理；三是可以防止地方政府利用耕地“占补平衡”政策的寻租行为；四是可以促进粮食主体功能区的建设；五是可以开辟构建粮食安全屏障的新思维；六是可以减轻国家财政粮补负担，优化支农政策，高效利用财政资金。这六大作用是现行粮食支持政策和粮食主产区利益补偿研究成果所不能达到的，具有创新性。

8.1.3 构建了粮食主产区利益量化补偿制度的核心构成和运行机制

在粮汇交易政策理论的基础上，本书进一步研究了粮汇交易政策的核心构成与运行机制。

（1）粮汇交易政策的核心构成

粮汇交易政策的核心是建立粮汇交易市场，粮汇交易市场由粮汇交易中心、粮汇交易主体和粮汇交易方式三部分构成。

粮汇交易中心是全国粮汇盈余省区（粮食主产区）和粮汇差欠省区（粮食主销区）进行粮汇买卖的交易场所，其功能是保证粮食主销区对粮食主产区利益补偿的及时、足额到位。粮汇交易中心由交易场所、粮汇交易系统和工作人员组成，负责着粮汇交易功能的实现。粮汇交易中心由国务院授权成立，指定相关部、局具体负责运行，是我国粮汇交易唯一的合法交易场所，其他任何组织和个人均无权组建与运作粮汇交易。之所以这样规定，是为了保证粮汇交易的严肃性、合法性和唯一性。

粮汇交易主体是参与粮汇交易的主体责任人。根据“米袋子省长负责制”的政策要求，以省、自治区、直辖市作为粮汇买卖双方的交易主体。不容许其他身份的单位和个人进场交易。在每年的交易时间内，凡是粮汇不等于零的省份都应该进场交易，粮汇为正值的省份可以从粮汇交易中心获得粮汇收益资金，作为对继续提高粮食产量的投入资金和对粮农的经济补偿；粮汇为负值的省份应该从粮汇交易中心支付粮汇补偿资金，作为对承担粮食安全责任亏欠的补偿。粮汇值等于零的省份，出于对未来工业化和城镇化的考虑，也可以进场预先购买粮汇，从而为自己进行粮汇储备。

粮汇交易方式是交易主体参与粮汇交易并完成粮汇转移支付的过程。粮汇是一个地区承担国家粮食安全的责任，从本质上说不是主产区和主销区之间的责任和义务，主产区享受粮汇收益的责任主体是国家，主销区粮汇补偿的对象也是国家，主产区和主销区履行粮食安全责任是在国家粮食安全框架下的一种行为，因此，粮汇交易方式并非主产区和主销区之间的点对点交易。主产区和主销区在国家粮汇交易中心进场交易，完成粮汇收益和粮汇支付履约，其交易的对象均是代表国家行使粮食安全责任的粮汇交易中心，实际上是国家通过设立粮汇交易中心行使国家粮食安全的监管职能。国家粮汇交易中心会同国家统计局等有关职能部门，在每年的固定时间内，计算出主产区和主销区省份的粮汇额度，向有关省份发出粮汇盈亏通知书，有关省份在规定的时间内，到粮汇交易中心进行粮汇交易清算。这样可以保证主产区及时得到粮汇补偿收益，主销区及时履行粮汇支付责任，有效制止了粮汇的拖欠问题，使粮食主产区及时得到承担国家粮食安全责任的经济利益补偿。

（2）粮汇交易政策的运行机制

粮汇交易政策的运行机制首先是各交易主体粮汇额度计算。这是创建粮汇交易机制最为核心的部分，涉及粮食主产区和主销区的利益均衡问题，对双方利益均有较大的影响，需要科学而缜密。其基本思想应该是：既要防止地方政府因追求经济利益产生“粮食生产歧视”，以致影响粮食安全的行为，又要防止地方政府出现“以粮为纲”影响地方政府偏离全面发展经济的行为。目的是通过粮汇交易的形式，使粮食主产区和粮食主销区在保障国家粮食安全上负起均衡的责任，解决长期以来形成的主产区和主销区之间的经济利益失衡问题。依照本课题研究的粮汇额度的计算方法和计算公式，对各省区的粮汇额度进行计算，并向有关交易主体进行公布，接受质疑和监督。

其次是粮汇交易的运行。如前所述，粮汇交易主体由粮食主产区、粮食主销区和中央政府三方构成。在粮汇交易过程中，三方承担着不同的责任与义务：

粮食主产区（受汇方）：粮食主产区由于是粮食的输出方，创造了粮汇值，在粮汇交易的过程中属于受汇方，即通过粮汇交易过程，将本区域所创造的粮汇额度，通过国家粮汇交易中心变现，进入本区域粮汇专用账户，成为本区域利益补偿。

粮食主销区（供汇方）：粮食主销区由于自身生产粮食亏欠，需要粮食主产区调入粮食维持需要，所以，按照粮汇理论，在粮汇交易过程中属于供汇方。即通过粮汇交易过程，将本区域所亏欠的粮汇额度，通过粮汇交易的方式付现，从本地区粮汇专用账户划拨到国家粮汇交易中的专用账户，作为自身对没有承担粮食安全责任的一种经济补偿。供汇方的资金来源是粮食主销区财政收入或粮汇专用基金。

粮汇交易中心（组织方）：粮汇交易中心是代表中央政府实施粮汇交易的组织方。具体负责粮食主产区和粮食主销区粮食之间的粮汇交易工作，直接对国务院负责。粮汇交易中心负责粮汇交易规则的制定，粮汇额度计算、粮汇额度通知以及交易时间的确定。

（3）粮汇基期和粮汇额度确定

粮汇基期按自然年度计算，一个自然年度为一个粮汇计算周期，从国家批准实施粮汇交易政策的次年开始。粮汇额度计算因为需要由不同省区的粮食种植面积、粮食产量、人口变动等因素决定，所以，其额度计算一般应在国家统计局发布上年统计数据之后开始。国家粮汇交易中心依据粮汇计算公式和各省区的有关数据，按照一定的程序分别计算出各省区粮汇额度，上传到粮汇交易中心数据库公示，作为粮汇交易的基础数据。各省区针对粮汇交易中心的粮汇额度公示信息可以提出复核意见，反馈到国家粮食交易信息中心进行复核或更正，正式确立各省区粮汇额度。

（4）粮汇转移支付

粮汇转移支付由国家粮食交易中心负责。粮汇交易中心开设粮汇交易专户，用于粮汇交易双方（受汇方和供汇方）进行粮汇交易资金的转移支付。转移支付的时间一般应在各省区粮汇额度计算完毕并通知到有关省区，供汇方履约之后进行。各省区也要建立粮汇专用账户，用于接收或支出粮汇交易资金，并保证专户操作，非粮汇专用账户不得介入粮汇资金接收或支出，以保证粮汇资金用于支持粮食生产和粮农收益补贴。

8.2　研究展望

粮食主产区利益补偿是个非常复杂的问题，因为这不仅仅是个纯粹的经济问题，还是一个社会问题，甚至是政治问题。由于粮食的多重属性，要解决粮食生产和安全供给问题，就不能完全靠市场的“无形之手”，而是要在尊重市场“无形之手”的前提下，发挥政府“有形之手”的作用，才能保证粮食生产和供给的有序进行。基于这样的基本认识，本研究虽然在理论上论证了粮汇和粮汇交易的科学性和合理性，也在粮食主产区利益补偿政策核心层面进行了研究，甚至构建了粮汇交易的基础规范。但是，粮食主产区利益补偿是一个比较复杂的社会问题，本书所创建的理论基础和政策体系也许只是一个初步的研究成果，进一步研究的空间还非常广阔，例如，粮食主销区的阻力如何说服，粮汇计算公式是否完善，粮食主产区和主销区种粮勤勉度如何影响粮汇额度的计算以及实施以粮汇和粮汇交易为核心的粮食主产区利益补偿政策需要什么配套措施等，还需要付出较大的努力进行研究。

参考文献

[1]中央农村工作会议上李克强总理的讲话,2014－12－22.

[2]韩长赋. 全面实施新形势下国家粮食安全战略[J]. 求是,2014(10).

[3]吴泽斌. 耕地保护利益冲突及其管理研究[D]. 杭州:浙江大学,2011.

[4]2009年、2014年国土资源部发布的中国国土资源公报;陈印军,肖碧林,方琳娜,等. 中国耕地质量状况分析[J]. 中国农业科学, 2011,44(17):3557－3564.

[5]程国强. 四川崇州"农业共营制"具有重要的改革创新意义[N]. 中国经济时报,2015－02－06.

[6]Panos Konandreas,Jim Greenfield. Policy Options for Developing Countries to Support Food Security in the Post－Uruguay Round Period[J]. *Canadian Journal of Development Studies*,2011, 19(4):141－159.

[7]王忠明. 粮食主产区利益补偿机制研究[D]. 北京:中国农业科学院,2012.

[8]杨建利,靳文学. 粮食主产区利益补偿机制研究[J]. 农业经济,2015,(05):9－13.

[9][德]弗里德里希·李斯特. 政治经济学的国民体系[M]. 北京:华夏出版社,2009.

[10]何安华,陈洁. 日本保障粮食供给的战略及政策措施[J]. 现代日本经济,2014,197(5):62－74.

[11]胡烨. 印度农业补贴政策及对中国的启示[J]. 南亚研究季刊. 2014,(2):66-71.

[12]范立新,陈金玉. 巴西、墨西哥粮食市场政策对我国的启示[J]. 农村·农业·农民,2005,(5):15-16.

[13]孙立刚. 关于粮食补贴方式改革的研究[J]. 调研世界,2002,(11):21-23.

[14]宋英. 解读"购机补贴政策"及"两个目录"[J]. 农业机械,2006,(4):48-50.

[15]中国广播网. 保护粮价慰粮农[EB/OL]. http://zgxczs. cnr. cn/xczt/hnzc/hnzc/ 201211/t20121108_511322026. shtml.

[16]新华社. 农业保护政策致价涨 粮价改革将与补贴分开[EB/OL]. http://stock. qq. com/a/ 20151105/018929. htm.

[17]2015 年惠农补贴政策汇编[EB/OL]. http://www. 360doc. com/content /15/0928/15/ 27231605_502016048. shtml.

[18]俞雅乖. 制度变迁方式转换的时机选择[J]. 商业研究,2009,(7):15-17.

[19]楚国良. 影响农民种粮积极性的因素及对策研究[EB/OL]. http://znzg. xynu. edu. cn/Html/? 11457. html.

[20]王忠明. 粮食主产区利益补偿机制研究[D]. 北京:中国农业科学院,2012.

[21]拉吉·帕特尔著,粮食战争[M]. 郭国玺,程剑峰译. 北京:东方出版社,2008.

[22]分层抽样也称类型抽样或分类抽样,它是在对总体有一定认识的基础上,按照与调查目的有关的主要标志将总体各单位分成不同的子总体(或称为层)(如本例是按地区进行分类),然后分别从每一子总体(层)中按随机原则抽取一定的单位构成样本。

[23]因无法获得《全国新增 1000 亿斤粮食生产能力规划(2009—2020年)》选出的 800 个产粮大县的名单,本项目选择历年《农业部关于表彰全国

粮食生产先进单位和个人的决定》中所表彰的来自31个省、市、自治区的全国粮食生产先进县作为总体来抽取样本。

[24]李存才. 生产1斤粮食,中央财政支出逾0.4元[N]. 中国财经报,2011-10-15(001).

[25]中国粮油网. 中国2015年粮食进口数据揭底 多个品种刷新纪录[EB/OL]. http://www.grainnews.com.cn/a/news/2016/02/01-38089.html.

[26]林日新. "粮财倒挂"困局亟待政府早日破解[EB/OL]. http://opinion.people.com.cn/ n/2015/0824/c159301-27503869.html.

[27]李首涵,何秀荣,杨树果. 中国粮食生产比较效益低吗?[J]. 中国农村经济,2015,(5):36-43.

[28]鲍文中. 直面气候变化带来的挑战[N]. 甘肃日报,2016-03-23(003).

[29]2015年资源碳市场状况[N]. 中国绿色时报,2015-8-26

[30]亚里士多德. 政治学[M]. 北京:商务印书馆,1983.

[31]Hardin G. Tragedy of Commons[J]. *Science*,1968,162:72-75.

[32]郭芳,等. 粮食保障战:保供给,保耕地,保环境,保人才[J]. 中国经济周刊,2013(7): 26-31.

[33]本章核心内容已发表在中国粮食经济2015年第1期(网络版)和2015年第3期(纸质版)以及《陕西农业科学》2015年第8期。

[34]布热津斯基. 大棋局[M]. 上海:上海人民出版社,2010.

[35]蒋和平,吴桢培. 湖南省汨罗市实施粮食补贴政策的效果评价[J]. 农业经济问题,2009,(11):28-32.

[36]黄季焜,王晓兵,等. 粮食直补和农资综合补贴对农业生产的影响[J]. 农业技术经济,2011,(01):4-12.

[37]万宝瑞. 当前我国农业发展的趋势与建议[J]. 农业经济问题,2014,(04):4-7.

[38]王海全,李华. 粮食直接补贴中主产区与主销区之间的利益关系[J]. 统计与决策,2006,(09):39-40.

[39]经济系数 = 生物产量/经济产量。

[40]新华网．第八次全国森林资源清查结果显示:我国森林蓄积量达151 亿立方米[EB/OL]. http://news. xinhuanet. com/politics/2014 - 02/25/c_119488263. htm.

[41]域内省份是指参与粮汇交易的省份,具体是指 13 个省份的粮食主产区和 7 个省份的粮食主销区。另外 11 个省份属于粮食平衡区未计算在之内。